地域社会学会年報第 29 集

国土のグランドデザインと地域社会：
「生活圏」の危機と再発見

Annals of Regional and Community Studies Vol.29

地域社会学会編

2017

ハーベスト社

国土のグランドデザインと地域社会：「生活圏」の危機と再発見

地域社会学会年報第 29 集（2017.5）

◆特集　国土のグランドデザインと地域社会：「生活圏」の危機と再発見

大会シンポジウム解題：国土のグランドデザインと地域社会 ……浅野慎一・佐藤彰彦　5
　　　――「生活圏」の危機と再発見――

都心居住とその社会的矛盾………………………………………………………丸山真央　13
　　　――リスケーリング戦略を現場から問いなおす――

国土のグランドデザインと沖縄…………………………………………………熊本博之　27
　　　――振興事業の変容と生活圏への影響――

国土のグランドデザインと市民活動……………………………………………清水　亮　43
　　　――震災復興現場からの問題提起――

◆論文

中山間地域の人間関係……………………………………………………………石田光規　59
　　　――パーソナル・ネットワーク研究を通じて――

メルボルンの高齢女性のパーソナル・ネットワークとソーシャル・サポート……野邊政雄　73

商店街組合におけるコミュニティ形成機能の創出……………………………伊藤雅一　89
　　　――稲毛あかり祭夜灯を事例に――

◆自著紹介

菊池真純著『農村景観の資源化――中国村落共同体の動態的棚田保全戦略』
　　（御茶の水書房　2016 年）……………………………………………………菊池真純　103

◆書評……………………………………………………………………………………………105

石田光規著『つながりづくりの隘路‐地域社会は再生するのか』（勁草書房　2015 年）
野邊政雄／岩崎信彦著『21 世紀の『資本論』――マルクスは甦る』（御茶の水書房
2015 年）林真人／藤井和佐・杉本久未子編著『成熟地方都市の形成――丹波篠山に見
る「地域力」』（福村出版　2015 年）水垣源太郎／大谷信介・山下祐介・笹森秀雄著
『グローバル化時代の日本都市理論――鈴木栄太郎『都市社会学原理』を読み直す』（ミ
ネルヴァ書房　2015 年）早川洋行／丸山真央著『「平成の大合併」の政治社会学――
国家のリスケーリングと地域社会』（御茶の水書房　2015 年）岩崎信彦／西城戸誠・
宮内泰介・黒田暁編著『震災と地域再生――石巻市北上町を生きる人びと』（法政大学
出版局　2016 年）大堀　研／吉原直樹著『希望と絶望――福島・被災者とコミュニティ』
（作品社　2016 年）高木竜輔／新原道信編著『うごきの場に居合わせる――公営団地
におけるリフレクシヴな調査研究』（中央大学出版部　2016 年）麦倉哲／広田康生・
藤原法子著『トランスナショナル・コミュニティ――場所形成とアイデンティティの
都市社会学』（ハーベスト社　2016 年）二階堂裕子／徳田剛・二階堂裕子・魁生由

目　次

美子著『外国人住民の「非集住地域」の地域特性と生活課題―結節点としてのカトリック教会・日本語教室・民族学校の視点から』（創風社出版　2016 年）伊藤泰郎／三浦倫平著『「共生」の都市社会学―下北沢再開発問題のなかで考える』（新曜社　2016 年）山本唯人／大倉健宏著『ペットフレンドリーなコミュニティ－イヌとヒトの親密性・コミュニティ疫学試論』（ハーベスト社、2016 年）徳田剛

◆第 10 回 (2016 年度) 地域社会学会賞の選考結果報告 …………………………… *129*

◆地域社会学会活動の記録（2016 年度）……………………………………………… *133*

◆投稿規定……………………………………………………………………………… *138*
◆執筆要領……………………………………………………………………………… *139*
◆著作権規定…………………………………………………………………………… *140*

◆ English Summaries of Articles ………………………………………………………… *141*

◆編集後記……………………………………………………………………………… *146*

Annals of Regional and Community Studies Vol.29 (May 2017)

Contents

Featured Articles:
The Grand Design of National Spatial Development and Regional Society: The Crisis and Rediscovery of Life Spheres

The Introduction to the Symposium: **Shin'ichi ASANO, Akihiko SATO**
    The Grand Design of National Spatial Development and Regional Society: The Crisis and Rediscovery of Life Spheres

Re-urbanization and Its Social Contradictions in Japanese Metropolitan Regions: **Masao MARUYAMA**
    Reconsidering a State Rescaling Strategy by Focusing on Targeted Urban Core Areas

Okinawa and the Grand Design of National Spatial Development: **Hiroyuki KUMAMOTO**
    Changes in Promotion Programs and Their Effects on Life Spheres

The Grand Design of National Spatial Development and Citizen Activities: **Ryo SHIMIZU**
    Raising Issues from the Scene of Earthquake Recovery

Articles
Human Relationships in Hilly and Mountainous Areas: **Mitsunori ISHIDA**
    A Personal Network Approach

Personal Networks and Social Support of Elderly Women in Melbourne   **Masao NOBE**

Community Formation through Shopping Street Union: **Masakazu ITO**
    The Case of Inage Akari Festival, Yotoboshi

Book Review

Result of the 10th Award of Japan Association of Regional and Community Studies

Annual Activities of Japan Association of Regional and Community Studies

English Summaries of Articles

◆特集　国土のグランドデザインと地域社会：
「生活圏」の危機と再発見

大会シンポジウム解題：国土のグランドデザインと地域社会
―――「生活圏」の危機と再発見―――

浅野慎一・佐藤彰彦

1. はじめに

　地域社会学会第41回大会シンポジウムは、「国土のグランドデザインと地域社会―――『生活圏』の危機と再発見」をテーマとして開催された。本稿の目的は、このシンポジウムの課題と背景、および討論内容とその一定の総括を解題することにある。「2. 課題と背景」を浅野、「3. 討論と総括」と「4. まとめにかえて」を佐藤がそれぞれ分担執筆する。

2. 課題と背景

2.1　背景

　地域社会学会は2014年以降、「国土のグランドデザインと『生活圏としての地域社会』」を共通テーマとしてきた。その直接の契機は、2014年7月、国土交通省の「国土のグランドデザイン2050」が発表され、これに沿った地域社会の改変が急激に進行してきたことにある。

　「国土のグランドデザイン2050」は、①人口減少・少子化に伴う地域消滅の危機、②異次元の高齢化、③グローバリゼーションの進展に伴う都市間競争の激化とユーラシアダイナミズム、④巨大災害の切迫に伴う国家存亡の危機をふまえ、次の3つの圏域の構築を提起した。

　第1は、大都市圏域である。リニア中央新幹線で三大都市圏を一体化し、世界最大のスーパー・メガリージョン、国際経済戦略都市の構築が目指される。

　第2は、地方圏域である。ここでは、「地方消滅」を前提として徹底した「選択と集中」が推進される。東日本大震災の被災地は、多くがこの地方圏域に含まれる。

　そして第3は、海洋・離島である。ここでは、主権と領土・領海の堅守が目指され、国境離島の住民は「現代の防人」と公然と位置づけられた。

　2015年の第40回大会シンポジウムでは、「国土のグランドデザインと地域社会―――大震災と『地方消滅』の現場から」をテーマとして、選択と集中の渦中におかれた地方圏域、および東日本大震災の被災地に焦点を当てた。また2015年度の研究例会では、大都市圏域・地方圏域・離島の諸地域に関する諸報告をもとに、議論を深めてきた。

　そこではまず何より、「国土のグランドデザイン2050」に沿った地域改変が、住民生活、

および地域の主体的・自律的な意志決定に深刻な困難を創り出している実態が明らかにされた。具体的には、①合併過疎、地域消滅の現実化（築山2015.2016）、②「復興の時間」による「揺れ惑う時間」の剥奪（友澤2015.2016）、③国家介入の撤退・縮小に伴う生活圏の破壊・危機（清水2015）、④地域内個別農家間の激烈な競争に伴う諸矛盾（西村2016）等である。

これをふまえ、本学会では、主に次のような論点が議論されてきた。

2.2　「生活圏としての地域社会」とは何か、それはいかに把握可能か？

第1は、「生活圏としての地域社会」とはいかなる実体で、それはいかなる方法で把握しうるのかという論点である。「生活（生活圏としての地域）」を捉える方法論は、地域社会学の古くて新しい論題だ。本年度も、①自然と共同所有を軸としたコモンズ（築山2015.2016）、②正解が存在しない状況の中での、生きていくための論理の模索／自律・自治の意志（友澤2015.2016）、③共有された時間・場所・意味／「根っこ」（松薗2015）、④住民の知恵・判断力・感覚、生活の総合的・相互的な把握の方法論（黒石2015）、⑤「プロセス」という観点（尾中2016）、⑥地域に固有の自然・生活文化とそれに基づく関係構築（杉本2016）、⑦伝統的・現代的で情緒的・対面的な小集団（池本2016）、そして⑧新たな活力・地域生活文化圏の創出を可能にする農業（地域産業）生産力の発展（西村2016）等、極めて多彩な認知枠・方法論・観点が提起された。これらはいずれも対象地域の特性、および研究者の理論的枠組みの双方に基づく多様性であり、同時にいずれも「生活圏としての地域社会」の実体的把握を志す貴重な方法的模索である。「『生活』ほどあやふやなものはない／他者の生活は本当にはわからない」（黒石*）ことを忘れず、「『根っこだと思っているもの』ではなく、確たる『根っこ』に編み上げる論理と技法について、一層の検討」（大堀2015）を行うことは、引き続き地域社会学会の機軸的・基礎的な課題であり続けている。

2.3　「生活圏としての地域社会」は実在するか？ ── 当事者性との関わりで ──

これは第2に、「生活圏としての地域社会」は実在するのか？といった、一層根底的な問いにも連なる。とりわけ著しい困難の渦中にある当事者・地域（サバルタン）において、「生活圏としての地域社会」は果たして実在しうるのか。実在しないものは、「再発見」もできない。①フィリピン系女性は大都市・東京で「居場所のなさ」に陥っている（佐伯2015）。しかも②「居場所のなさ」は今や普遍的現象であり、支援を受けられず孤立している人々は移民に限らず、あまりに多い（渡戸2015）。支援の現場に焦点を当てる研究は貴重ではあるが、ごく少数の例外事例への視野狭窄に陥っている可能性も否定しえない。また社会的包摂・支援の重要性は当然としても、それを実践する主体は果たして誰なのか。苦難の渦中にある当事者は、支援の単なる客体・対象にすぎないのか。「ともに協働／相互にエンパワー」等と唱えるのは容易だが、支援からも隔離された当事者に「生活圏としての地域社会」は実在するのか。「生活圏の危機」は、単なる生活諸課題の深刻化にとどまらない。それらを克服しようとする主体的な危機も含意する。③地域社会のガバナンスと、個別の生活課題への主体的取り組みをいったん切り離して捉える必要の指摘（清水2015）も、必ずしも特定の

領域としての地域社会や諸組織に結実しない主体的な生活圏を把握しようとする一つの問題提起と言えよう。

2.4　「生活圏としての地域社会」は抗いの契機たり得るか？

　そこで第3に、「生活圏としての地域社会」は抗いの契機たり得るか？、という疑問・論点も必然的に生じる。①ローカルな営みに端を発した軍艦島の観光資源化が、ナショナルな近代化産業遺産へと吸収され、「生活圏」としての性格を喪失する過程（木村2015）、②地域主体による観光資源化が、到底主体的・抵抗の契機とは言い難い現実（市川2015）、③十勝農協の主体的な取り組みが、国策・「選択と集中」の成功例ではないかとの疑問（西村報告をめぐる議論）等である。2014年度の地域社会学会大会シンポジウムでも、④沖縄が国家から与えられた国防という役割を選ぶ以外になく、その役割に「誇り」をもつ地域主体・当事者も実在する現実への論及（熊本2016）があった。生活圏としての地域社会の意義は一義的に定まらず、選択と集中が一概に問題とも言えない。生活圏としての地域社会から、抗いとしての主体性・変革性がつねに生み出されるとは限らない。国家と地域という二項対立的図式を越え、共犯関係を含む複雑な関係性を把握する必要がある（三浦2016）。「生活圏としての地域社会」は国家やグローバル市場への能動的包摂の契機でもあり、そこにあえて抗いの契機を発見するには、何らかの固有の理論的認知枠が不可欠であろう。

2.5　時空・圏域・位置・リスケーリング

　第4に、「生活圏としての地域社会」の時空・圏域・位置・場所、さらにそれらの固有性・重層性・越境性・隔離性等も、大きな論点になった。①東日本大震災の被害・復興が、明治以後の日本における東北地方の周辺化、および東京の景気動向等、マクロな時空との関連を抜きには把握できず、しかも復興問題を安易に全国的・全人類的課題と直結させることが多大な弊害をもたらしているとの指摘（長谷川2015）、②地域の伝統・文化と無関係な「外来資源」の移植を契機としたまちづくりが、田園地帯に浮かぶ「島宇宙」的な地域の主体によって可能になっている事例紹介（池本2016）、③地域に固有の自然・文化・歴史を生かし、多様な移入者と先住者の開放的な関係、および近隣地域との分業戦略により、地域の自己決定が可能となっている事例紹介（杉本2016）、④日本の大規模分権（選択と集中）とは異なり、タイの小規模分権に「生活圏としての地域社会」の可能性を見出す比較研究（尾中2016）、⑤ローカルな取り組みが一挙にナショナルな枠組みに回収される背景の一つとして、東アジアにおけるリージョナル・スケールの欠如を指摘する見解（木村2015）等である。これらは、人・資源・文化・自然・社会関係等、多様な諸要素において「内部的視野と外部的視野を相互関係的に捉える」（永岡2016）ことの重要性を示唆している。

2.6　「生活圏」の危機と再発見

　以上はいずれも、地域社会学の根幹を問う重要な諸論点といってよい。
　これをふまえ、研究委員会は第41回大会シンポジウムのテーマを「国土のグランドデザインと地域社会──『生活圏』の危機と再発見」と設定した。

本シンポジウムでは、大都市圏域・地方圏域・離島のすべてを対象とし、現代日本の地域社会の改変と「生活圏としての地域社会」の意義をできるだけ根底的に問い直すことを目指した。現実は、住民生活にとってまさに「危機」というべき内実を孕み、新たな生活圏の再生・創造・展望を安易に語りうる認識の楽観主義を許さない。しかしそうした局面にあるからこそ、地域社会で脈々と生き続ける生活圏とその歴史－社会的意義を「再発見」する意志の楽観主義もまた求められるように思われる。そしてここで得られる知見は、現在進行中の熊本地震の被災と復興の研究にも必ず生かされうるものと考える。

報告者は、3名の会員に依頼した。第1報告者の丸山真央会員には、大都市圏域における「都心回帰」・「再都市化」の進展とそこでの矛盾について、論じていただく。第2報告者の熊本博之会員には、軍事面に特化した国家安全保障の役割を担わされた離島・沖縄の現状を、ご報告いただいた。第3報告者の清水亮会員には、現在の国土・地域政策の総括的検証とともに、「選択と集中」の論理に翻弄される地方圏域・市民社会の現状を論じていただいた。

討論者は、岩永真治会員と藤井和佐会員にお願いした。

3. 討論と総括

以下では、大会シンポジウムの討論を通して浮き彫りにされたいくつかの論点を整理し、「生活圏としての地域社会」が幾多の危機に直面しながらも、そのなかに見出される今後の可能性を探るという視座から総括することとしたい。

3.1　安全保障・防衛など国を超えたジオポリティカルな情勢変化

まず最初の論点は、国を超えたジオポリティカルな情勢変化が――従来のネオ・リベラリズムに加え――地域社会／生活圏に及ぼす影響を捉える必要性（岩永*、杉本2016）についてであった。

たとえば、今回シンポジウムの報告からは、「国土のグランドデザイン2050」や「地方創生」など、一見すると日本という国土の今後のあり方を方向づける国家政策が地域社会に多大な影響を及ぼしているようにみえる。しかし、その背景には、日米安全保障や周辺諸国の動向を見据えた防衛問題など、国を超えたより大きな枠組みでの政治的思惑が働き、そのことが地域社会やそこで生活する人々に多様な影響を及ぼしてきた状況が明らかにされた。

今後我々が、「生活圏としての地域社会」の変容を捉え、危機的状況のなかから可能性を見出していくためには、地域社会やそこでの人々の営みを、国を超えたジオポリティカルな情勢変化を含む政治・権力構造とのかかわりから捉えていく必要があるだろう。

3.2　外からの選択と内からの選択

2つめの論点は、「選択と集中」の〈選択〉には、「外からの選択と住民自身（内から）の選択という二重の選択」があり、住民がそのなかに「置かれていることで（逆に）生活圏が分断」される（藤井*）という指摘であった。

これまで我々は、〈選択〉を基礎自治体やそこに生活する人々という当事者の判断と行動

によっておこなわれるものと捉えてきた感がないだろうか。しかし、この場合の〈選択〉は、必ずしも主体的／能動的なものとはいい難く、政治／行政的に用意された選択肢のなかでやむなく選択せざるを得ない、あるいは民主主義的な手続きや自由意思に反して、強いられた〈選択〉がなされる場合が少なくないと捉えるべきであろう。地域社会で起きているリアルを認識するためには、当事者による「内からの選択」のみならず、「外からの選択」にも目を向け、これらの相互作用によって生活世界にどのような影響がもたらされているかを見極めていく必要があるだろう。

　加えて私見になるが、福島第一原子力発電所事故後の被災地や被災者の状況を例にあげれば、「外からの選択」の〈外〉には、早期帰還・早期復興の加速化を扇動する国以外に、国に従属・依存せざるを得ない自治体とその背後の政治・権力構造、（世論形成という意味での）メディアや大衆としての国民の存在があり、これらが〈内〉に対して大きな作用を及ぼしている点などにも留意することが必要だろう。

3.3　人間が尊厳をもって生きることを保障する空間としての地域社会

　3つめの論点は、「人間が尊厳をもって生きることが可能な状態」が「生活」であり、「それを保障していくのが空間としての地域社会」（藤井 *）であるという提起であった。

　シンポジウム後に開催された研究例会では、原発事故災害被災者を例に、「生活」が保障されるべき「地域社会」から切り離された彼ら／彼女らが、事故以前まで暮らしていた地域（＝空間）から切り離されてなお、そこにあった「根っこ」（藤井 *、松薗2015、大堀2015）によって支えられている状況が議論になった。地域社会は、空間から切り離されてなお存在し得るものなのか？　そこに深く関係する「根っこ」が、地域社会のなかでどのように形成され、（世代を超えて）継承されていくのか？——「人間が尊厳をもって生きることを保障する空間としての地域社会」を捉えなおすためには、こうしたこともあわせて探求されるべき課題ではないだろうか。

3.4　「コミュニティ」をめぐる従来の価値観や規範性の相対化

　4つめの論点は、とくに丸山報告を焦点に提起されたものである。それは、今日の地域社会において、家族や働き方などが変容・多様化するなかで、コミュニティに対する従来の価値観や規範性を改めて相対化する必要性（岩永 *）である。

　この点については、我が国における今日的なコミュニティにかんする価値観や規範性の相対化の必要性とあわせて、次の点を補足したい。「地域社会」と向き合う我々研究者は、都市の論理が主流を占める（全体に占める市部人口が約9割、DID人口が約7割）我が国において、——たとえば、3.3であげた「根っこ」の問題など、——都市の論理では理解できない地方の論理が確実に存在する現実をも見据え、コミュニティを捉えていく必要があるだろう。

3.5　生活者にとっての時間の流れ・積み重ね

　5つめの論点は、生活者にとっての時間の流れやその積み重ねを認識し、これらが生活圏に及ぼす影響に着目することの必要性（荒川 *、杉本2016）であった。

この論点は非常に重要だが、残念ながら、シンポジウムでは十分な討論がなされなかった。以下、私見になるが、ここでいう「時間」にかんしては、「生活者」に加えて、「地域」、「組織」、「制度」などにも注目する必要があるのではないだろうか。これらに流れる時間や歴史の蓄積が人々の「生活」や「地域社会」に及ぼす影響の大きさも、無視できないからである。今後は、生活者を中心としたこれら時間にかかわる問題を分析・記述し、成果を継続して蓄積していくことが求められよう。

3.6　「見えない生活者」に対する眼差し

　6つめの論点は、たとえば、地域に存在する外国人、女性、移動する人々など「見えない生活者」に対する研究者の眼差しが十分ではない可能性（藤井＊、渡戸＊ほか）であり、それによって物事を見誤ることへの危惧であった。

　これは、他の論点にも内包される重要な視点である。恐らくは、こうした点に十分配慮した調査研究を進めること、あるいはそのプロセスこそが、「生活圏の共同性では拾いきれないものから地域的公共性を構築すること」（杉本2016）につながり、結果的に「抗いの契機」の再発見の可能性を開くのであろう。さらに加えるならば、地域公共性を構築するためには、権力に対する二項対立的な見方を排除し、権力や政治構造の「見えない」内実を読み解くことも必要不可欠であろう。

3.7　近代的な個人への捉え直しと「市民社会」のあり方

　7つめの論点は、近代的な個人の捉え直し（岩永＊）と「市民社会」のあり方の探求である。

　清水報告では、阪神・淡路大震災後の被災地神戸にかんする報告のなかで、時々に立場を変えながらお互いに支え合うことで「自分たちの総体」として自立する「複数化する『市民たち』」という「市民」／「市民社会」の概念が紹介された。被災当事者である行政が混乱し十分にその機能が発揮されないなかから生まれた、新しい「市民」／「市民社会」は、政治・行政と相互補完的関係を作り上げた。

　原発事故被災地を例にあげると、神戸と同様に、従来の地域リーダーや活動家たちとは異なる複数の個人がさまざまなムーブメントを起こした。しかし、その多くは国主導の復興政策のなかに解消され、新しい「市民」／「市民社会」は構築されるに至っていない。

　両者には、政治・行政とのかかわりのなかで新しい「市民」／「市民社会」のムーブメントが生起したという共通点がある。ただし、後者の場合は、（神戸のような相互補完関係を求めていたが）そこに国の権力が強く作用し、ムーブメントは抑圧・解消された。

　こうした点をふまえるならば、近代的な個人への捉え直しと「市民社会」のあり方を探求していくには、「個人」や「市民社会」を、地域社会やそこでの人々の営みに向き合うとともに、それらを国を頂点とする政治・権力構造とのかかわりのプロセス（＝時間の積み重ね）から捉えること――いうまでもなく、このことは、先の6つの論点を内包するものでもある――も必要であろう。

4. まとめにかえて――「生活圏としての地域」との向き合い方

　大会シンポジウムでは、以上の論点を包含したかたちで、研究者が調査対象に近づく方法（研究スタンスや調査方法など）について議論があった。この点にふれつつ、最後のまとめにかえさせていただきたい。

　この議論は、3.6で指摘した「みえない生活者」など少数派の声をどう拾い上げるか（有末＊、徳田＊ほか）という問題と深く関係する。ここで敢えて私見を述べれば、筆者（佐藤）の調査対象に対するスタンスは、中立的立場を意識しつつも、「地域的公共性を構築」し、「抗いの契機」を創出するプロセスにかかわるべきだという立場である。原発事故被災地を例にとれば、復興政策と生活実態の乖離、地元行政と住民相互の不理解といった場面で、研究者は双方の間に立った「翻訳者」としての役割をもつことも必要だと捉えている。「フィールドで自ら生活体験」（岩永＊）、「代弁者としての立場を徹底」（熊本＊、浅野＊）など、研究者が地域と向き合う際にはさまざまなスタンスがあってしかるべきだが、そこには中立性・客観性ほかの問題が常についてまわる。

　しかし、「生活圏としての地域社会」の可能性・創造性を再発見していくために、まず研究者が取り組まなければいけないことは、「生活圏としての地域社会」と真摯に向き合い、「生活圏に生じる矛盾を批判的に検証し続ける」（清水＊）こと、それを記述・蓄積・発信し続けていくことではないだろうか。（我々自身が問われた）「研究者が調査対象に近づく方法」は、そうした地道なプロセスのなかで確立していく／されていくものなのかもしれない。

参考文献

浅野慎一，2015，「東日本大震災が突きつける問いを受けて」『年報』27集
浅野慎一，2016，「国土のグランドデザインと地域社会」『年報』28集
浅野慎一，2016，「国土のグランドデザインと地域社会」『会報』196号
池本淳一，2016，「地域資源の発見・探索・導入」『会報』194号
市川虎彦，2015，「グローバル化の中の『認定』競争がもたらすもの」『会報』193号
大堀研，2015，「『生活／根っこ』とその具体的把握」『会報』192号
尾中文哉，2016，「『国土のグランドデザイン』と『国民経済社会開発計画』・『国家空間計画』」『会報』195号
加藤泰子，2016，「『喜多方アイデンティティ』のつくるまち、『八重山合衆国』を育む生活文化」『会報』194号
北原麻理奈，2015，「『時間のかかる復興』は可能か」『会報』192号
木村至誠，2015，「デザインされる国土と『文化』」『会報』193号
熊本博之，2016，「国防役割を与えられた沖縄における『生活圏の破壊』と抵抗の可能性」『会報』196号
黒石いずみ，2015，「東北の震災復興と今和次郎」『会報』192号
佐伯芳子，2015，「生活圏としての地域社会」『会報』193号
清水洋行，2015，「シンポジウム印象記」『会報』191号
清水亮，2016，「国土のグランドデザインと市民社会の再構築」『会報』196号
新藤慶，2015，「シンポジウム印象記」『会報』191号

杉本久未子，2016，「八重山に見る地域自治と生活文化」『会報』194 号
杉本久未子，2016，「シンポジウム印象記」『会報』196 号
築山秀夫，2015，「国土のグランドデザインと地域社会」『会報』191 号
築山秀夫，2016，「国土のグランドデザインと地域社会－中山間地域からの考察」『年報』第 28 集
友澤悠季，2015，「『美しい郷土』の遠景から」『会報』191 号
友澤悠季，2016，「『美しい郷土』をめぐって－岩手県陸前高田市沿岸部における開発と復興にかかわる断片」『年報』第 28 集
永岡圭介，2016，「『選択と集中』と地域生活圏の行方」『会報』195 号
二階堂裕子，2016，「観光資源が地域社会に与える影響」『会報』194 号
西村雄郎，2016，「地方の社会解体的危機に抗する『地域生活文化圏』形成の可能性」『会報』195 号
長谷川公一，2015，「国土のグランドデザインと被災地の現実」『会報』191 号
松薗祐子，2015，「選択と集中に抗う生活圏としての地域社会への問い」『会報』192 号
丸山真央，2016，「『都心回帰』とその社会的矛盾」『会報』196 号
三浦倫平，2016，「『生活圏としての地域社会』の意義と課題をいかにして論じるか」『会報』195 号
渡戸一郎，2015，「グローバル都市・東京の移住女性労働者調査から見えるもの」『会報』193 号

【注】文中における上記以外の引用等は、第 41 回大会シンポジウムの書き起こし記録からのもので、該当箇所に発言者の名（名前の後に * を付記）を記している。

◆特集　国土のグランドデザインと地域社会：
　「生活圏」の危機と再発見

都心居住とその社会的矛盾
――リスケーリング戦略を現場から問いなおす――

丸山　真央

1.　課題

　都市研究、とりわけ都市再編の研究において「(地理的) スケール」の観点や「スケールの政治経済学」の方法枠組が地理学にとどまらない影響力を世界的にもつようになって久しい。本学会においても、こうしたスケール論議に関して年報で2度にわたって特集を組み、日本の都市研究や地域社会研究にスケール論議や国家のリスケーリング論の観点を導入する意義や可能性について議論を蓄積してきた（地域社会学会編 2012, 2013）。スケール論議や国家のリスケーリング論を踏まえた日本の都市・地域社会の実証研究もみられるようになってきている[1]。

　年報本集の特集は、国土交通省が2014年に発表した『国土のグランドデザイン2050（以下、GD2050）』(国土交通省 2014) の検討を目的とするものであるが、本論文では『GD2050』を、前述のスケール論議でいわれるところの「国家のリスケーリング」のひとつとして位置づける。そのうえで、『GD2050』にみられる国土空間再編構想がどのような社会的矛盾をはらんだものであるのかを検討し、日本における国家のリスケーリング戦略の構造的矛盾の一端を明らかにする。

　なかでも本論文では、大都市圏、とくにその中心部である都心地域に焦点をあてる。周知のように、日本の大都市圏の多くでは今世紀に入るあたりから都心人口の再増加（回復）傾向、いわゆる「都心回帰」や「再都市化」と呼ばれる構造変化がみられるようになっている。『GD2050』は、大都市圏を「我が国を牽引」する「圧倒的国際競争力を有する世界最大のスーパー・メガリージョン」たる「国際経済戦略都市」へと再編するとしている。またそこにおいて大都市圏は、「無秩序に広がった都市構造ではなく、効率性を高め、さらにレジリエンス機能を強化した、いわば筋肉質な都市構造」へと再編するとされ、諸資源の「選択と集中」によって「高密度な都市活動を実現することを目指す」としている（国土交通省 2014: 32）。こんにち進行中の人口の都心回帰にみられるような「選択と集中」がそこでは前提とされ、それをさらに推し進めることが含意されたものといってよいだろう。

　本論文がとくに関心を寄せるのは、かかる「国際経済戦略都市」での「高密度な都市活動」にいかなる社会的な矛盾がはらまれるのかということである。そこで、目下「都心回帰」が進行している都心地域における住民生活に着目する。換言すれば、『GD2050』にみられる国家のリスケーリング戦略の現場のひとつである大都市圏の中心部に照準することにより、そこにおける住民生活から「生活圏としての地域社会」の現実を明らかにして、『GD2050』の国土空間再編構想にはらまれた矛盾を析出すること、これが本論文の課題となる。

なお、『GD2050』は一読してわかるように、地方都市や農山漁村の再編に重点が置かれたものであって、大都市圏について相対的に多くの紙数が割かれているわけではない。「高次地方都市連合」をめざすべきとされる地方中小都市、「小さな拠点」建設に向けて集落再編が提起されている農山漁村地域、あるいは「現代の防人」の砦とされる離島地域などこそ『GD2050』の現場であるということもできよう。実際、『GD2050』あるいはそれと関連深い「地方消滅」論（増田編 2014, 2015）においても、大都市圏の現実は、高齢化の急速な進行（「介護破綻」）という点を除いて、あまり注目されない。しかし、「選択と集中」の現場たる大都市圏域やそこにおける住民生活の現実が看過されてよいものではないし、そこに社会的な矛盾が顕在あるいは潜在しているのであれば、なおのことである。

2. リスケーリング戦略としての『国土のグランドデザイン2050』

『GD2050』は「大都市圏域」、「地方圏域」、「海洋・離島」の3つについて再編構想をそれぞれ提示している。全体の詳細な検討はすでにおこなわれているので（浅野 2015, 築山 2016）、ここでは「大都市圏域」に関する記述を中心に簡単にみたい。

『GD2050』では、まず現状認識として、「急激な人口減少、少子化」、「異次元の高齢化の進展」、「都市間競争の激化などグローバリゼーションの進展」、「巨大災害の切迫、インフラの老朽化」が列挙される。なかでも「グローバリゼーション」に関しては、「これら［知識、情報、金融、サービス、文化等］をグローバルレベルで集めることができる装置としての『都市』が、国際競争力を大きく左右する舞台となってきている。進展するグローバリゼーションの下、国際社会での日本の存在感を維持していくためにも、大都市の国際競争力の強化が課題である」として、大都市圏域が国家枢要の戦略拠点であることが強調される（国土交通省 2014: 5、［］は引用者）。

そのうえで具体的な「基本戦略」として、地方圏域について「高次地方都市連合」や「小さな拠点」の構築が提起され、大都市圏域については、リニア中央新幹線が三大都市圏を結ぶことによる「スーパー・メガリージョンと新たなリンクの形成」が掲げられる（国土交通省 2014: 21-2）。後者をより具体化した「目指すべき国土の姿」としては、次のように記述されている。

> 「圧倒的国際競争力を有する世界最大のスーパー・メガリージョンが我が国を牽引し、大都市圏域は国際経済戦略都市となる。／人口減少時代に突入する中、無秩序に広がった都市構造ではなく、効率性を高め、さらにレジリエンス機能を強化した、いわば筋肉質な都市構造を実現する。クリエイティブな人材が集まって交流し、知識のスピルオーバーによりイノベーションを生み出すなど、世界最先端のICT環境や交通システムにより、高密度な都市活動を実現することを目指す」（国土交通省 2014: 32）

なお、大都市圏域と地方圏域との関係については、「依然として進展する東京一極集中からの脱却」という課題認識が示されており、「［東京一極集中が］結果として国全体の人口減

少を加速させているだけでなく、ひとたび首都直下地震が発生した際の被害をさらに拡大させ」るおそれがあるとして、その是正をめざすべきとしている（国土交通省 2014: 33、[ ]は引用者）。ただ、では「東京一極集中」を具体的にどのように緩和するのか、あるいは『GD2050』全体を貫く「選択と集中」原理とどのように整合するのかについて、具体的記述は見あたらない。

　さて、以上『GD2050』のうち大都市圏域に関する部分を中心に概観したが、ここにうかがうことができる『GD2050』の性格として2点を指摘したい。

　第一は、国家の空間戦略の照準が、ナショナルスケールで広く面的に諸地域の開発・再開発をめざすわけではなく、特定の地域——大都市圏の「国際経済戦略都市」、地方都市圏の「高次地方都市連合」、農山漁村の「小さな拠点」——に下ろしたかたちで、いわばナショナルより下位のスケールに当てられているということである。『21世紀の国土のグランドデザイン』(1998年) あたりから顕著になった近年の日本の国土政策の変化を、スケール論議や国家のリスケーリング論の観点からみるとき、その国家の空間戦略の照準が、ナショナルスケールから、都市圏スケールをはじめとするサブ・ナショナルスケールへと下方移転したとする理解は、多くの論者におおむね共通したものといってよいだろう（e.g. 中澤 2012, 2013；玉野 2012；町村 2013）。全総以来の戦後日本の国土総合開発計画と『GD2050』は、連続面よりも断絶面のほうが大きいと指摘されるように（築山 2016）、『GD2050』は、日本の国家の空間戦略において、「空間的ケインズ主義」(Martin and Sunley 1997) から「都市型立地政策」への転換 (Brenner 2004) が、これまで以上にかなり明確にみられるようになったものといえよう。その意味で『GD2050』は国家のリスケーリング戦略のひとつと理解することができるだろう[2]。

　第二に、『GD2050』を貫く論理として、人口や資本などあらゆる資源を中心地域に集中させ、周辺地域から撤退させるという「選択と集中」が明示されていること（国土交通省 2014: 1）に注目したい。それは資本の効率性に基づく国家再編の論理であり、その意味でネオリベラリズムの立場からの国土空間再編構想であると、ひとまずいえる。しかし同時に、国家が空間開発に関与することを減らして、すべてを企業や市民社会組織などの非政府セクターに委ねるのかといえば、そうではない。むしろ「国際経済戦略都市」や「高次地方都市連合」や「小さな拠点」の建設をはじめ、国家が資本などと連携しながら空間開発・再開発に積極的にかかわるという開発主義的な性格がかなり強く垣間見られ、したがって経済的（古典的）リベラリズムというには程遠い。ここにみられるのは、ネオリベラリズムと開発主義の「屈折した関係」（町村 2013）といってもよいし、国家主導で進められるアジア的なネオリベラリズム (Ong 2013) といってもよい。

　こうしたなかで、大都市圏域は国民経済を牽引する成長エンジンとして期待され、諸資源の「選択と集中」の空間と位置づけられる。そこにおいて「選択」され「集中」が進むことは望ましいものであり、現実に進行している人口の都心回帰、あるいは都心部の再開発や集中投資は、直接的に言及されているわけではないものの、いっそう推進されるべきものということになるであろう。『GD2050』が、地方圏域に関して具体的かつ積極的な改造構想を掲げている一方で、大都市圏域についてはそれほど具体的な改造構想を示していないのは、ま

た東京一極集中に関して具体的な是正策が積極的に示されないのは、そうした理由からとみることもできよう。

3. 「都心回帰」の現状

　周知のように、国土全体で人口減少が始まったのに対して、大都市圏の多くで人口増加が続いており、なかでも各大都市圏の都心地域において、1990年代後半から2000年あたりを境として、それまでの人口減少傾向が再増加へと転じる人口回復の動向が顕著にみられるようになっている。「都心回帰」、あるいは都市圏の発展段階論に即して「再都市化」などと呼ばれるものである（松本 2014）。このあと本論文でとりあげる札幌市、東京都、名古屋市、京都市、大阪市、福岡市に関して確認しておくと、1995年の国勢調査を境に、都心区の人口は増加傾向に転じた。先ごろ発表された2015年の国勢調査の確定値でもこの傾向は変わらず続いている（表1）。

表1　大都市都心区の人口の推移

	1985年	1990年	1995年	2000年	2005年	2010年	2015年
札幌市中央区	180,845 ↘	179,184 ↘	173,358 ↗	181,383 ↗	202,801 ↗	220,189 ↗	237,627
東京都心3区	325,057 ↘	266,012 ↘	243,588 ↗	267,959 ↗	326,038 ↗	375,008 ↗	442,872
名古屋市中区	67,278 ↘	65,833 ↘	63,006 ↗	64,669 ↗	70,738 ↗	78,353 ↗	83,203
京都市中京区	100,015 ↘	94,676 ↘	91,062 ↗	95,038 ↗	102,129 ↗	105,306 ↗	109,341
大阪市都心6区	374,344 ↘	364,150 ↘	356,872 ↗	375,411 ↗	419,064 ↗	470,947 ↗	527,145
福岡市中央区	140,707 ↘	140,291 ↘	139,596 ↗	151,602 ↗	167,100 ↗	178,429 ↗	192,688

注：昭和60〜平成27年国勢調査結果報告から作成。「東京都心3区」は千代田・中央・港区、「大阪市都心6区」は福島・西・天王寺・浪速・北・中央区。

　こうした都心地域の人口回復を牽引しているのが、中高層の共同住宅の住民の急増であり、その建設ラッシュが直接的な要因であることも、既知の事実といってよいだろう。2000年から2015年までの15年間に上記6都市のいずれでも、都心区において共同住宅に住む人口は大幅に増加している。とくに中・高層に住む人口の増加が顕著であり、11階建以上に住む人口に限ると6都市のいずれでも都心区で2倍以上の人口増加を記録している（表2）。

表2　住宅の建て方別の一般世帯人員の増減率，2000〜2015年

	一戸建	長屋建	共同住宅					その他	一般世帯人員総数
			総数	1・2階建	3〜5階建	6〜10階建	11階建以上		
札幌市中央区	-7.7%	-39.9%	57.2%	-47.4%	40.5%	51.9%	175.9%	-47.4%	38.6%
東京都心3区	-21.0%	-77.6%	102.3%	-35.8%	-0.3%	55.9%	211.9%	-1.9%	67.6%
名古屋市中区	-32.8%	-74.7%	77.8%	-31.6%	10.1%	63.3%	119.6%	-59.3%	38.0%
京都市中京区	-10.7%	-76.2%	85.4%	16.5%	68.9%	92.4%	110.8%	-59.2%	17.1%
大阪市都心6区	-8.6%	-73.7%	72.9%	-58.7%	-21.8%	52.9%	136.3%	-39.4%	43.1%
福岡市中央区	-25.9%	-43.1%	43.7%	-13.0%	-2.7%	48.7%	105.2%	-51.4%	28.8%

注：平成12・27年国勢調査結果報告から作成。

　このような都心地域のマンション建設ブームの背景は、必ずしも単純ではないが、おお

よそこれまでのところ、経済的な要因として、バブル崩壊後の地価の下落、脱工業化・情報化あるいは企業再編や企業ガバナンスの強化による未・低利用地の処分等が指摘されている。また、政治・政策的要因としては、「都市再生」「構造改革特区」「国家戦略特区」などにみられるような、本論文でいうところの「空間的ケインズ主義」から「都市型立地政策」への転換があることが指摘されてきている（平山 2006；齊藤 2013；久保 2015；富田 2015 など）。人口の都心回帰をもたらしている都心地域への共同住宅の増加が、一面において「国家・資本の目的に沿ったもの」（浅野 2015: 49-50）という性格をもっているのは確かであろう。

4. 都心居住とその社会的矛盾——都心マンション調査から

4.1 データと方法

大都市圏における「都心回帰」に伴って急増している都心居住について、その実態、およびそこにどのような社会的矛盾が顕在あるいは伏在しているのかをみるために、主要大都市圏の都心区のマンションの住民を対象に実施した質問紙調査(以下、「都心マンション調査」と呼ぶ) の結果を用いることにしよう。調査は、札幌市中央区、東京都中央区、名古屋市中区、京都市中京区、大阪市中央区、福岡市中央区において、各区内の中大規模のマンション在住の 20 〜 79 歳の男女各約 1 千人を対象として、自記式・郵送法で実施した。対象者は選挙人名簿抄本で無作為抽出した。調査の概要は表 3 のとおりである。

表 3 都心マンション調査の概要

	調査時期	質問紙発送数	不達数	有効回答数	有効回収率	報告論文
札幌市中央区	2011年11月〜12月	1,072	10	472	44.4%	鯵坂ほか(2013b)
東京都中央区	2013年11月〜12月	1,067	12	322	30.5%	鯵坂ほか(2014)
名古屋市中区	2013年11月〜12月	1,071	18	369	35.0%	鯵坂ほか(2015)
京都市中京区	2014年11月〜15年1月	1,051	3	400	38.2%	未公刊
大阪市中央区	2014年11月〜12月	1,223	8	396	32.6%	未公刊
福岡市中央区	2011年10月〜11月	1,053	10	435	41.7%	鯵坂ほか(2013b)

4.2 都心マンション住民のプロフィール

都心マンション調査から住民の社会的背景を明らかにする作業は、すでに分析結果の一部を公表しており（鯵坂 2015；丸山 2015a, 2016）、ここでは要点を述べることとする。

まず、先行研究では社会階層の高さ、具体的には専門・管理職、高学歴、高収入の「上層ミドルクラス」が多いことが指摘されてきた（園部 1993, 2001；有末 1999；高木 2012 など）。都心マンション調査の回答者の大学・大学院卒比率は、データのある東京都中央区、名古屋市中区、京都市中京区、大阪市中央区のいずれでも 4 〜 6 割台に上っている。専門・管理職比率も、これら 4 地点のいずれも 4 割程度である。世帯年収が 1 千万円以上の比率は、都市によって違いがあるが、最高の東京都中央区では 4 割、最低の福岡市中央区でも 15％程度である（表 4）。

世帯構成の特徴としては、核家族以外のシングルや夫婦世帯が多いことが指摘されてきた（園部 2001）。都心マンション調査の回答者も、シングルと夫婦世帯をあわせた比率は、

いずれの調査地点でも4～6割である。ただ、夫婦と未婚子の世帯はいずれの調査地点でも3～4割台半ばを占めていて、先行研究でいわれるほどにシングルや夫婦世帯が多いわけではなく、「脱近代家族」的な世帯構成というわけではない。また、都市によって世帯構成にかなり大きく異なる特徴がみられる。札幌市中央区、京都市中京区、福岡市中央区は夫婦と未婚子の世帯の占める割合が大きい。それに対して東京都中央区、大阪市中央区は夫婦世帯の割合が大きい（表5）。さらに、先行研究では女性の有業率が高いことや共働き世帯が多いこともよく指摘されてきたが（松信 1996；園部 2001）、都心マンション調査回答者のうち女性の有業率をみると、都市によって違いがあり、最低の札幌市中央区で43.9％、最高の東京都中央区では67.0％である（表6）。

表4　都心マンション調査回答者の学歴・職業・世帯年収

	学歴	職業		世帯年収	(N)
	大学・大学院卒	管理職	専門職	1千万円以上	
札幌市中央区	--	--	--	22.2%	(472)
東京都中央区	64.9%	21.7%	20.2%	40.1%	(322)
名古屋市中区	43.6%	12.5%	16.5%	16.8%	(369)
京都市中京区	63.8%	15.8%	24.8%	24.3%	(400)
大阪市中央区	56.8%	18.4%	19.9%	31.1%	(396)
福岡市中央区	--	--	--	15.2%	(435)

注：都心マンション調査から作成。札幌市中央区と福岡市中央区は学歴と職業のデータなし。

表5　都心マンション調査回答者の世帯類型

	単独	夫婦のみ	夫婦と未婚子	その他	無回答	(N)
札幌市中央区	15.9%	35.6%	37.1%	10.6%	0.8%	(472)
東京都中央区	21.1%	35.7%	30.7%	11.5%	0.9%	(322)
名古屋市中区	20.9%	30.9%	32.0%	15.4%	0.8%	(369)
京都市中京区	15.4%	30.6%	45.3%	8.6%	--	(395)
大阪市中央区	16.9%	34.3%	31.8%	15.4%	1.5%	(396)
福岡市中央区	23.0%	25.1%	39.8%	10.8%	1.4%	(435)

注：都心マンション調査から作成。

表6　都心マンション調査回答者の就業状態

	男性					女性				
	有業	無業	その他	無回答	(N)	有業	無業	その他	無回答	(N)
札幌市中央区	72.7%	24.1%	2.1%	1.1%	(187)	43.9%	53.7%	1.4%	1.1%	(285)
東京都中央区	87.2%	11.2%	1.6%	--	(125)	67.0%	31.0%	1.5%	.5%	(197)
名古屋市中区	74.5%	24.8%	.7%	--	(153)	61.6%	37.0%	1.4%	--	(216)
京都市中京区	81.5%	17.3%	.6%	.6%	(162)	62.2%	35.3%	1.3%	1.3%	(238)
大阪市中央区	88.1%	10.2%	.8%	.8%	(118)	60.3%	38.3%	1.1%	.4%	(277)
福岡市中央区	81.7%	15.5%	1.4%	1.4%	(142)	56.8%	40.8%	1.4%	1.0%	(292)

注：都心マンション調査から作成。

4.3　都心生活の実態

では、都心マンション調査から、マンション住民の生活実態について検討しよう。まず、都心マンション住民がどのような理由で住宅を選択したのかをみてみる。調査では13項目

を挙げて理由としてあてはまるかどうかを尋ねた。いずれの調査地点でも、最多の理由が「交通が至便」である。そして、この理由が当てはまると答えた割合は、いずれの調査地点でも回答者の世帯類型によって統計的に有意な差がみられない。すなわち、世帯の形が何であれ「交通が至便」が住宅選択の理由として最上位に挙げられているということである。それに対して「職場・学校の近さ」は、各調査地点で2～7位にきた理由であるが、この理由を挙げた割合を回答者の世帯類型別にみると、多くの都市において「夫婦と未婚子」世帯が最も多い（図1）。

これまでシングル女性の都心居住が注目され、それに応じた住宅の供給がおこなわれているという報告がなされてきた（若林ほか編 2002；久保・由井 2011）。しかし都心マンション調査の結果では、シングルであれ、夫婦世帯であれ、また核家族世帯であれ、利便性の高さが都心居住を選んだ理由である点で変わりなく、都心居住において最も重視される理由となっている。その一方、職住近接を理由とする都心居住は、主として核家族世帯に顕著なものであって、シングルや夫婦世帯以上に重視されている理由となっている。おそらくそれは、前述の女性有業率の高さをあわせると、共働きによる子育ての必要性からくる理由が背景にあることが少なくないと考えられる。都心再開発地区に住む既婚キャリア女性に着目した研究では、「彼女がキャリアに従事しながらも、夫婦生活、家庭生活を維持していくための、妻のキャリアと家庭内役割の調整の戦略」として都心居住が選択されていることが指摘されていたが（松信 1996: 20）、都心マンション調査でもこうした指摘が支持される。

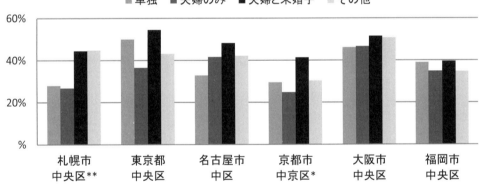

図1　都心マンション調査回答者の住宅選択として「職場・学校の近さ」を挙げた割合
注：都心マンション調査から作成。無回答は除いて集計。** $p<.01$, * $.01 \leq p<.05$, 無印 $p \geq .05$。

大づかみにいえば、必要に迫られての都心居住か（共働きの子育て世帯）、そうでないか（シングル、夫婦世帯）という違いがそこにあるということになるだろうが、こうした違いは、大都市圏の都心の豊かな消費環境をどの程度享受しているのかにも顕著にあらわれている。「展覧会・映画」と「ジム・習い事」に月1回以上行くと答えた割合は、回答者の世帯類型によって異なる。すなわち、多くの調査地点において、単独世帯と夫婦のみ世帯は、「行く」と答えた割合が、夫婦と未婚子の世帯に比べて高い（図2）。つまり、文化消費という

◆特集　国土のグランドデザインと地域社会:「生活圏」の危機と再発見

選択的な行動において、シングルや夫婦世帯が都心の豊かな文化環境を積極的に享受しているのに対して、共働きの子育て世帯をはじめとする核家族世帯は、そうした都心居住の魅力のひとつとされる文化消費の豊かさをそれほど多く享受しているわけではないのである。

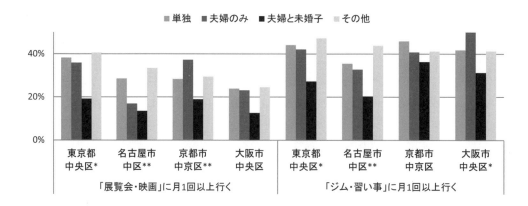

図2　都心マンション調査回答者の文化消費

注：都心マンション調査から作成。札幌市中央区と福岡市中央区はデータなし。無回答は除いて集計。** p<.01, * .01 ≦ p<.05, 無印 p ≧ .05。

今度は近隣関係に着目してみよう。マンション内でのつきあいの有無は、いずれの調査地点でも回答者の世帯類型によって異なっている。夫婦と未婚子の世帯は、単独世帯や夫婦のみ世帯に比べて近所づきあいが盛んであり、とくに札幌市中央区、東京都中央区、京都市中京区、大阪市中央区、福岡市中央区ではその傾向が顕著である（図3）。

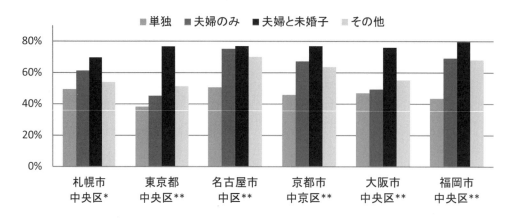

図3　都心マンション調査回答者のマンション内のつきあいの有無

注：都心マンション調査から作成。マンション内に「世間話をする人」、「相談・頼みごとをする人」、「家を訪問する人」のいずれか1つでも「いる」と答えた割合。無回答は除いて集計。** p<.01, * .01 ≦ p<.05, 無印 p ≧ .05。

こうしてみてくると、シングルや夫婦世帯にとっての都心居住と、共働きの子育て世帯のような核家族にとっての都心居住は、その意味するところがだいぶ異なっているということができそうである。このことについては、あとでもう一度立ち戻って考える。

4.4 「都心回帰」の都市問題

最後に、「都心回帰」に伴う都市問題に関して、都心マンションの住民たちがどのようにみているのかを検討しよう。

かつて1960〜70年代に都市化が急速に進み、都市問題が盛んに議論されたとき、宮本憲一は都市問題を「集積不利益」と「社会的共同消費の不足」と整理した（宮本1967, 1980）。集積不利益とは「都市化・工業化がすすみ、事業所、交通機関や人口の集中・集積によって、自然の破壊、大量汚染物の排出、混雑現象の発生」が進行することであり、一般に「企業は集積利益を享受できるが、他方で市民とくに貧困な市民は集積不利益を受ける」という特質があるとされる。また社会的共同消費の不足とは、「住宅難、交通難、水不足、清掃まひ、生活環境・衛生の悪化、あるいは学校・保育所・福祉施設・図書館などの施設の不足、福祉行政などの公共サービスの不足と質的低下」を指し、人口・資本等の集中・集積によるこれらの量的・質的低下が都市的生活様式の破綻を招くとされる（宮本1980: 47-9）。

この宮本の整理を参照しながら、都心マンション住民がそれぞれの都市問題に対してどのような不満を持っているのかを世帯類型別にみてみよう。「集積不利益」に関する不満の有無は、世帯類型によってそれほど大きく変わらない地点が多い。名古屋市中区のみ、単独世帯、夫婦と未婚子の世帯、その他の世帯において不満が目立つが、ほかの調査地点では、世帯類型による統計的な差はみられない（図4）。それに対して「社会的共同消費の不足」に関しては、世帯類型によって不満の有無が異なる都市が多い。ここでいう「社会的共同消費」には、「公園・緑地」、「鉄道・駅」、「医療施設」、「小・中学校」、「保育園・幼稚園」が含まれる。札幌市中央区、京都市中京区、大阪市中央区、福岡市中央区のいずれにおいても、夫婦と未婚子の世帯において「社会的共同消費の不足」に対する不満が、他の世帯類型と比べて強いという結果となっている（図5）。

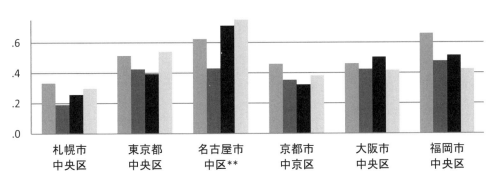

図4　都心マンション調査回答者の「集積不利益」に関する不満
注：都心マンション調査から作成。マンション・近隣への不満として「騒音や大気汚染」、「部屋の日当たり」、「防犯・治安」がそれぞれ「ある」との回答を各1点、「ない」を各0点として、無回答は除いて平均点を求めたもの。** $p<.01$, * $.01 \leq p<.05$, 無印 $p \geq .05$。

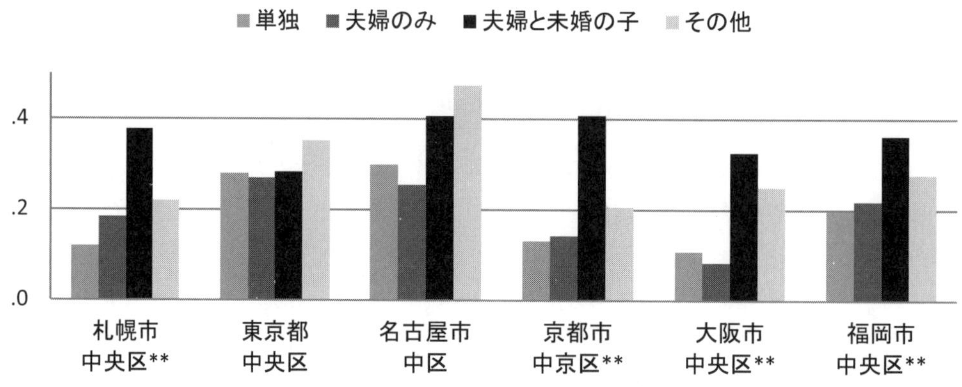

◆特集　国土のグランドデザインと地域社会：「生活圏」の危機と再発見

図5　都心マンション調査回答者の「社会的共同消費手段の不足」に関する不満

注：都心マンション調査から作成。マンション・近隣への不満として「公園・緑地」、「鉄道・駅」、「医療施設」、「小・中学校」、「保育園・幼稚園」がそれぞれ「ある」との回答を各1点、「ない」を各0点として、無回答は除いて平均点を求めたもの。** p<.01, * .01 ≦ p<.05, 無印 p ≧ .05。

4.5　小括

　都心マンション調査の結果からみる限り、主要大都市圏のいずれにおいても、都心のマンション住民が全体として高い社会階層的地位にあるのは確かである。また、大都市圏の都心地域という、物質的にも文化的にも消費生活の面で幅広い選択肢を備えたところにあって、シングルや夫婦世帯はそうした豊かさや都心居住の魅力を享受していることがうかがえる。

　その一方で、子育て世帯にとっての都心居住は、いくらか様相を異にするものであるようにみえる。夫婦と未婚子の世帯において、職住近接が住宅選択の理由の上位に挙げられているように、労働と家庭生活を両立させる必要から都心居住を選択していることが推測される。そのことは、この夫婦と未婚子の世帯が、シングルや夫婦世帯ほどに都心の豊かな文化環境を享受しているわけではないということにも垣間みることができる。ここにあるのは、前述の表現をくりかえせば、必要に迫られての都心居住かそうでないかの違いである。

　他方で、子育て世帯がそれなりに豊かな近隣関係を築いている実態も浮かび上がった。それは、かつて都心部の人口減少が進んでいた時代に「コミュニティ放棄化が、大きな流れとなっている」（奥田 1993b: 238）といわれた都心コミュニティ像とはかなり大きく様相を異にするものである[3]。もっとも、それは子どものいる世帯のみのことであって、シングルや夫婦世帯の近隣関係は、決して豊かなわけではない[4]。

　また、「都心回帰」の負の側面も見えてきた。都心部への住宅建設は、業務空間に居住空間を挿入することになる。そのことに伴う集積不利益として、騒音や大気汚染や日照といった一見古典的な環境問題が生じて、こんにち都心住民の一部に不満を生じさせている。また、公園や保育所をはじめとする社会的共同消費の不足は、とくに夫婦と未婚子の世帯にその不満が顕著にみられるように、子育て世帯を中心にひずみとしてのしかかっている。こうしたことは、換言すれば、都心地域が人間の再生産の空間となりうるのかという根本的な疑問を突きつけているものといえよう。また、都心居住がさらに進むことで住民の生活上の不

満が蓄積することにもつながると考えられるが、この点は最後の節でもう少し考えたい。

5. まとめに代えて

　本論文では、『GD2050』にみられる国土空間再編構想を国家のリスケーリング戦略のひとつと理解して、そこで戦略の照準とされているひとつである大都市圏の都心地域に焦点をあてて、「都心回帰」が進行するなかでの都心住民の生活のいくつかの側面を調査データから明らかにした。稿を閉じるにあたって、少しスケール論議に立ち戻ってみたい。

　地理的スケールの観点からみると、『GD2050』が構想する大都市圏域とは、端的にいって、グローバルスケールでの企業間あるいは都市間の経済競争に照準したものである。それに対して、都心住民たち、とくに人口の都心回帰に伴って都心に着実に増えている子育て世帯にとっての大都市圏域・都心地域とは、生活の空間、再生産の空間であり、グローバルスケールの経済競争ではなく近隣スケールの生活において意味をもつ空間である。都市疎外の典型と思われてきた都心居住において、彼らが想像以上に豊かな近隣関係を構築しているのはその証左であろう。

　いわばそれは「生活圏としての地域社会」なのであって、「国家・資本の目的に沿ったもの」(浅野 2015: 51)としての『GD2050』のめざす大都市圏域像と大きな懸隔がある。生産性の高い労働力が集住することで「高密度の都市活動」を生み出し「国際経済戦略都市」化することで「我が国を牽引」するという『GD2050』の構想には、単身者や共働きの夫婦ならいざ知らず、子育て世帯がそうした都心に集住するという現実への視点が欠落している。

　このように『GD2050』の構想と現実の齟齬、あるいは国家のリスケーリング戦略が照準する空間スケールと実際に生きられた空間スケールとの間の矛盾は、すでに現実的に、社会的共同消費の不足として、都心に暮らす子育て世帯を中心にひずみとしてのしかかっている。かかるひずみと不満の蓄積を避けるためには、誰かが何らかのかたちで調整しなければならないが、『GD2050』にはそうした調整を必要と認識している国家は登場してこない。しかし都心への「選択と集中」がもたらすこのような矛盾がさらに蓄積されれば、『GD2050』のような単純な経済一辺倒の空間再編構想では不十分となることもまた明白であろう。

　かつて都心地域の人口が激減して大都市のドーナツ化が進んでいた時期に、宮本憲一は「大都市圏にとって、いまもっとも考えねばならぬ地域戦略は、都心へ住民をよびもどすということである」(宮本 1980: 331)と述べていた。それからいくつかの時代が巡って、都心に住民が戻ってきた今日、また新たな「地域戦略」が、大都市圏や都心部の地域社会を構想しなおすうえで求められているといえるのではないだろうか。そしてそれはおそらく、『GD2050』とはまったく異なるものとして、である。

　　付記
　本論文は、一般財団法人都市のしくみとくらし研究所の平成23年度研究助成、JSPS科研費（25285160、16H03703、16K04086）の成果の一部である。また、本論文で使用した「都心マンション調査」は、鰺坂学、上野淳子、加藤泰子、田中志敬、堤圭史郎、徳田剛の各氏などによ

る「大都市都心研究会」が実施したものである。

注

(1) 林 (2014)、木村 (2014)、丸山 (2015b)、山﨑 (2012, 2017) など。
(2) 戦後日本の国土開発が、「国土の均衡ある発展」をスローガンとしながら、実際は特定地域の拠点開発を特徴としていたのは確かであろう（中澤 2012: 179-84）。ただ、新産都市決定の例をはじめ、拠点開発といいながら実際は全国に広く開発がばらまかれ、その結果としてナショナルスケールを対象としたものとなっていたとみることができるだろう。また『GD2050』において「国土の均衡ある発展」はスローガンですらなくなり、代わって「選択と集中」が明確に掲げられたことを、ここでは重視したい。
(3) 大都市の都心地域のコミュニティ衰退に早くから関心をもっていた奥田道大は、1970年代後半から80年代前半にかけては、既存の都心コミュニティの担い手が生き残ることに期待を寄せていたが（奥田 1985: IV）、80年代後半からバブル経済の中で地上げが進み、都心部のドーナツ化に拍車がかかって「ノーマンズ・ランド」が現出するに及んで、「法人社会化」（奥田 1993a: III章）や「コミュニティ放棄」（奥田 1993b: 238）を指摘せざるをえなくなった。奥田を含むドーナツ化の時期の都心コミュニティの社会学的研究については、丸山・岡本（2014: 22-3）も参照。
(4) マンション内の近所づきあいのきっかけを世帯類型別にみると、いずれの調査地点においても、単独世帯と夫婦世帯は「部屋が近く」あるいは「マンション内の活動」が最も多いが、夫婦と未婚子の世帯だけは、「子供」というきっかけが、東京都中央区、名古屋市中区、大阪市中央区では第1位、札幌市中央区、京都市中京区、福岡市中央区では第2位となっている。

参考文献

鯵坂学, 2015,「『都心回帰』による大都市都心の地域社会構造の変動——大阪市および東京都のアッパー・ミドル層に注目して」『日本都市社会学会年報』33: 21-38.
鯵坂学・丸山真央・上野淳子・加藤泰子・堤圭史郎, 2015,「『都心回帰』時代の名古屋市都心部における地域コミュニティの現状——マンション住民を焦点として」『評論・社会科学』113: 1-106.
鯵坂学・上野淳子・丸山真央・加藤泰子・堤圭史郎・徳田剛, 2014,「『都心回帰』時代の東京都心部のマンション住民と地域生活——東京都中央区での調査を通じて」『評論・社会科学』111: 1-112.
鯵坂学・上野淳子・堤圭史郎・丸山真央, 2013a,「『都心回帰』時代の大都市都心地区のコミュニティとマンション住民——札幌市，福岡市，名古屋市の比較（上）」『評論・社会科学』105: 1-78.
鯵坂学・上野淳子・堤圭史郎・丸山真央, 2013b,「『都心回帰』時代の大都市都心地区のコミュニティとマンション住民——札幌市，福岡市，名古屋市の比較（下）」『評論・社会科学』106: 1-69.
有末賢, 1999,『現代大都市の重層的構造——都市化社会における伝統と変容』ミネルヴァ書房.
浅野慎一, 2015,「東日本大震災が突きつける問いを受けて——国土のグランドデザインと『生活圏としての地域社会』」『地域社会学会年報』27: 45-59.
Brenner, N., 2004, *New State Spaces: Urban Governance and the Rescaling of Statehood,* New York: Oxford University Press.
地域社会学会編, 2012,『地域社会学会年報第24集 リスケーリング下の国家と地域社会』ハーベスト社.

地域社会学会編，2013，『地域社会学会年報第 25 集　リスケーリング論とその日本的文脈』ハーベスト社．

林真人，2014，『ホームレスと都市空間――資本－国家、社会運動、収奪と異化』明石書店．

平山洋介，2006，『東京の果てに』NTT 出版．

木村至聖，2014，『産業遺産の記憶と表象――「軍艦島」をめぐるポリティクス』京都大学学術出版会．

国土交通省，2014，『国土のグランドデザイン 2050――対流促進型国土の形成』国土交通省．

久保倫子，2015，『東京大都市圏におけるハウジング研究――都心居住と郊外住宅地の衰退』古今書院．

久保倫子・由井義通，2011，「東京都心部におけるマンション供給の多様化――コンパクトマンションの供給戦略に着目して」『地理学評論』84(5): 460-72．

町村敬志，2013，「未発の国家リスケーリング？――『世界都市』形成から『平成の大合併』へ」『地域社会学会年報』25: 49-60．

Martin, R., and P. Sunley, 1997, "The Post-Keynesian State and The Space Economy," R. Lee and J. Wills eds., *Geographies of Economics,* London: Arnold: 278-89.

丸山真央，2015a，「大都市問題の変容――『都心問題』を中心に」『都市問題』106(11): 52-61．

丸山真央，2015b，『「平成の大合併」の政治社会学――国家のリスケーリングと地域社会』御茶の水書房．

丸山真央，2016，「『再都市化』と都心コミュニティの可能性――6 都市の都心区におけるマンション住民調査の比較分析を手がかりに」『東海社会学会年報』8: 68-78．

丸山真央・岡本洋一，2014，「『都心回帰』下の大阪市の都心地区における地域生活と住民意識――北区済美地区での調査を通じて」『評論・社会科学』110: 21-67．

松本康，2014，「都市圏の発展段階――都市化・郊外化・再都市化」松本康編『都市社会学・入門』有斐閣，104-26．

増田寛也編，2014，『地方消滅――東京一極集中が招く人口急減』中央公論新社．

増田寛也編，2015，『東京消滅――介護破綻と地方移住』中央公論新社．

松信ひろみ，1996，「既婚キャリア女性の戦略としての都心居住」『年報社会学論集』9: 13-24．

宮本憲一，1967，『社会資本論』有斐閣．

宮本憲一，1980，『都市経済論――共同生活条件の政治経済学』筑摩書房．

中澤秀雄，2012，「地方と中央――『均衡ある発展』という建前の崩壊」小熊英二編『平成史』河出書房新社，169-216．

中澤秀雄，2013，「平成リスケーリングを問う意味――戦後史における国家性スケールと地域主体」『地域社会学会年報』25: 5-22．

奥田道大，1985，『大都市の再生――都市社会学の現代的視点』有斐閣．

奥田道大，1993a，『都市と地域の文脈を求めて――21 世紀システムとしての都市社会学』有信堂．

奥田道大，1993b，「21 世紀システムとしての大都市とコミュニティ――Mega-City・東京の変貌過程を事例に」蓮見音彦・奥田道大編『21 世紀日本のネオ・コミュニティ』東京大学出版会，229-45．

Ong, A., 2006, *Neoliberalism as Exception: Mutations in Citizenship and Sovereignty,* Durham: Duke University Press.（＝ 2013，加藤敦典・新ヶ江章友・高原幸子訳『≪アジア≫、例外としての新自由主義――経済成長は、いかに統治と人々に突然変異をもたらすのか』作品社．）

齊藤麻人，2013，「リスケーリング戦略としての東京の都心回帰」『地域開発』582: 5-9．

園部雅久，1993，「卓越化する都心居住空間――『ウォーターフロントシティ』調査報告」『上智大学社会学論集』18: 1-12．

園部雅久，2001，『現代大都市社会論——分極化する都市?』東信堂．
高木恒一，2012，『都市住宅政策と社会−空間構造——東京圏を事例として』立教大学出版会．
玉野和志，2012，「日本におけるリスケーリング研究の可能性をめぐって」『地域社会学会年報』24: 5-19.
富田和暁，2015，『大都市都心地区の変容とマンション立地』古今書院．
築山秀夫，2016，「国土のグランドデザインと地域社会——中山間地域からの考察」『地域社会学会年報』28: 11-27.
若林芳樹・神谷浩夫・木下礼子・由井義通・矢野桂司編，2002，『シングル女性の都市空間』大明堂．
山﨑孝史，2012，「スケール/リスケーリングの地理学と日本における実証研究の可能性」『地域社会学会年報』24: 55-71.
山﨑孝史，2017，「リスケーリングの政治としての『大阪都構想』」佐藤正志・前田洋介編『ローカル・ガバナンスと地域』ナカニシヤ出版，82-105.

◆特集　国土のグランドデザインと地域社会：
　　　　「生活圏」の危機と再発見

国土のグランドデザインと沖縄
――振興事業の変容と生活圏への影響――

熊本　博之

1. 問題の所在

　吉野英岐が、「日本の地域政策は、地域開発政策としての性格を強くもっているところに特徴がある」（吉野 2006: 5）と指摘しているように、戦後日本の地域政策は開発を基軸として進められた。なかでも1962年に最初の計画が発表され、その後も数次にわたって計画され続けた国土計画である全国総合開発計画は、「国土の均衡ある発展」という旗印の下、全国各地で開発を進める原動力となった。ここで開発は、地域の経済発展を牽引し、結果として地域住民の福祉向上に資するものとして捉えられており、中央のみならず地方においても開発がなされることで「均衡ある発展」を実現しようとしていたのだといえよう。

　しかし、福武直編『地域開発の構造と現実』の第三分冊において、蓮見音彦が「今日の開発の本質そのものが、資本主義の矛盾の隠蔽策であり、国民の福祉を犠牲にしつつ国家独占資本主義の資本蓄積をはかろうとするものにほかなら」ず、「それはもともと住民の福祉の増進にはつながらないものであり、単に「地域」開発という不明確な言葉でその明らさまな意図をかくしているにすぎない」（蓮見 1965: 261）と喝破しているように、全総が押し進めた地域開発の目的は国力の向上にあり、必ずしも地方の発展を目指したものではなかった。

　また全総は、全国一律の発展を目指していたものでもなかった。そのことについて前述の吉野は、「（一全総において）政府は地域の絞り込みをかけて効率的に開発を進める意図をもっていたが、政治家や国民は自分たちの地域に開発をもってくることを望んでおり、そこに理念と実態が食い違う現象が生じた」（吉野 2006: 10-1）と、政府が本来的には地域を特定することで効率的な開発を行おうとしていたことを指摘している。また中澤秀雄も、全総の本音は「太平洋ベルト地帯に大企業や生産機能を集中立地させて日本経済のエンジンとし、それ以外の地域は公害やリスクを負担してもらえば良い」（中澤 2012: 179-80）というものであるとした上で、国内のすべての空間に投資し平等に発展させる「空間ケインズ主義」と、成長のエンジンとなり得る特定の空間（特に大都市圏）だけに投資する「都市圏立地政策」という地域政策の支配的なレジームの類型を用いながら、「国土開発は、（中略）「空間ケインズ主義」が貫かれているかのような偽装として機能した側面がある。本音の部分では日本の国家政策には最初から「都市圏立地主義」しかなかったのかもしれない」（中澤 2012: 180-1）と、中央への集中的な投資による地方との格差の拡大を「国土の均衡ある発展」というスローガンで隠蔽しようとしていた可能性を指摘している。

こうした問題を内包しながらも、均衡ある国土の発展・格差是正を旗印にした開発政策は、1960年代中盤から1990年代中盤までおよそ30年間続いた（吉野 2006）。しかし、これまでの国土計画の単なる継続ではないことを強調するため、「21世紀の国土のグランドデザイン」(21GD) と名付けられた1998年発表の第五次国土計画は、山﨑朗が指摘しているように、「新たな社会資本の追加的整備よりも、現社会資本の有機的連携を重視」しており、さらに「地域間配分計画の放棄」を特徴とするものであった（山﨑 1998: 204-5）。つまり、開発によって地方を発展させ、中央との格差是正を図るという方針は後退したのである。築山秀夫はこれを「国土の均衡ある発展という建前の偽装を捨て去り、国土の不均等性を前提とする思想を前に出」（築山 2016: 15）したものと断じた。

　そして2014年、新たな国土計画として閣議決定されたのが「国土のグランドデザイン2050」(GD2050) である。このGD2050には「国土の均衡ある発展」という思想は全く見られない。それどころか、築山が言うように「将来、現在より更なる不均衡をもたらすと予想される状態を規定の路線とし、謂わばそれを与件として設定し、それに沿うようにグランドデザインを描くという計画」であり、発展というよりも「国家そのものの生き残り戦略」として示された国土計画となっている（築山 2016: 15-7）。そして不均衡の放置という選択は、その冒頭において「急速に進む人口減少」と、地方における「消滅する自治体」の発生を危機として示した上で、数的な根拠もなしに「現下の厳しい財政状況」と言及することによって正当化されており、さらに、限られた財源の中で効果を上げるためには「選択と集中を進める必要があることはもちろんである」と断言することで、財政投資がなされない自治体が出てくることをも正当化している。

　このようにGD2050は、地方のために政府が行うべきことを示した国土計画ではなく、国家のために地方が行うべきことを示した国土計画となっている。この主客の逆転が及ぼす影響は、国土計画のみにとどまるものではない。地方は、国益への貢献を事実上義務づけられたことになるからだ。特に、「地域そのものの生き残り」が危惧されるような辺境にあっては、「国家そのものの生き残り」に資する地域であることを示さなければ、自治体の存続すら危ぶまれる状況に陥ってしまっている。

　このような視点でGD2050の記述を読み返していくと、ある箇所に目がとまる。「第5章　目指すべき国土の姿」における「海洋・離島」の項目である。

　　離島は、我が国の領域、排他的経済水域の保全、海洋資源の利用、自然環境の保全等に重要な役割を担っている。国土管理の拠点となる場所に人が住み続けることが重要であり、特に外海の遠距離離島（いわゆる国境離島）に住民が住み続けることは国家及び国民にとっての利益につながる。いわば「現代の防人」とも言うべき存在である。

　「選択と集中」の論理に従えば、最周辺部にあたる離島は、切り捨てられる可能性が限りなく高い地域である。しかし国境離島は、排他的経済水域の保全等に貢献することが可能であるがゆえに、重要度の高い地域となっている。だがこうした記述は21GDにもあり、GD2050はそれを踏襲したに過ぎない。重要なのは、最後の一文に置かれた、軍事的なニュ

アンスを多分に含む「現代の防人」という比喩表現である。ここからは、国境離島が国防に貢献することへの期待を嗅ぎ取ることができる。この、国防という新たな要素が、地方が国益に貢献するためのメニューに加えられたこともまた、GD2050の大きな特徴であるといえよう。そしてそれは、GD2050が国家の生き残り戦略としての性格を強く帯びた国土計画であることに鑑みれば、必然的に導き出されたものだともいえるだろう。

　この「国防への貢献」という文脈から「国土のグランドデザインと地域社会」を考えるために、本稿では在日米軍基地をめぐる政府と沖縄県との関係を事例とした分析を行う。言うまでもなく沖縄は国境離島であり、そして米軍基地が集中する「国防の島」である[1]。この米軍基地をめぐって、政府と沖縄県とは様々な政治を繰り広げてきた。そのなかでも本稿は特に、沖縄の基地負担に対する補償の政治に焦点を当てる。1972年の本土復帰とともに始まった沖縄への補償政策は、1996年に始まる普天間基地移設問題を経るなかで、基地受け入れの代償としての性格を強めていき、それはやがて、負担に対する補償から、国防への貢献に応じた報奨へとシフトしていく。このシフトは、国益への貢献を地方に要請するGD2050の発表より前から起きており、その意味で沖縄は、GD2050が示す中央地方関係が地方にもたらすものを、他県に先立って経験してきた地域であるといえよう。

　このような問題関心のもと、まず次節では、復帰後の沖縄振興事業の意味について、沖縄振興開発計画を中心に論じていく。続く3節では、普天間基地移設問題の経緯を紹介した上で、そのなかでの沖縄への補償政策の変化を指摘する。そして4節において、この補償政策の変化が沖縄の地域社会に何をもたらしているのかを論じるために、普天間基地の移設先である辺野古区の住民がこの問題にどのように応答しているのか描出していく。

2. 沖縄振興開発計画の意義と変容

2.1　沖縄振興開発計画の概要

　1972年5月15日、沖縄が日本に復帰したその日に、「沖縄振興開発特別措置法」（沖振法）は施行された。この法律を根拠法として沖縄に対してなされてきたのが沖縄振興開発計画（沖振計）であり、復帰以降、約11兆8千億円もの予算が投入されてきた。

　まずここで、沖振計の歴史的な経緯について振り返っておこう。沖振法の施行が沖縄「復帰」の日であることに象徴されているように、沖振計は、長らく米施政権下にあった沖縄県に対して重点的に振興事業を実施することで、大きく開いていた本土との格差を是正することを目的としていた。そのことは、第一次沖縄振興開発計画（一振計）の冒頭に置かれた「計画作成の意義」における、「か烈な戦禍による県民十余万の尊い犠牲と県土の破壊に加えて、長年にわたる本土との隔絶により経済社会等各分野で本土との間に著しい格差を生ずるに至っている」沖縄に対して、「これら格差を早急に是正し、自立的発展を可能とする基礎条件を整備し、沖縄がわが国経済社会の中で望ましい位置を占めるようつとめることは、長年の沖縄県民の労苦と犠牲に報いる国の責務である」という文言で明確に示されている。

　具体的には、総理府（現内閣府）の外局である沖縄開発庁[2]が、沖縄におかれた出先機関である沖縄総合事務局を通して、沖縄県や県内市町村から要請があった事業についてとりま

とめ、「沖縄振興予算」として大蔵省（現財務省）に一括計上することで公共事業が実施されるという体制のもと進められていった。しかもその大半は自治体の負担率の低い高率補助事業であったため、復帰後の沖縄には道路整備や公共施設等の建設が次々となされていく。

2.2　沖縄振興開発計画と全総

この沖振計について川瀬光義は、1969年に閣議決定された新全国総合開発計画（新全総）に、復帰した沖縄も組み込まれたという点を強調する（川瀬2013）。また島袋純も当時の沖縄が「全総型の計画、アプローチによる最後の巨大開発利権」（島袋2014: 207）でもあったことを指摘する。このように沖振計は、日本本土で大規模に進められていた全総型のインフラ整備を沖縄においても進めようという振興事業であった。

前節で指摘したように、全総の目的は地域開発による国力の向上にあり、地方の発展もそれに寄与するものとして位置づけられていた。その意味では沖振計も同じく、沖縄が日本の国力向上に貢献できるようになるために計画されていたといえよう。実際、一振計の冒頭に置かれている「計画作成の意義」には、本土復帰によって沖縄が「新生沖縄県としてわが国発展の一翼を担うこととなった」との記述が見られる。

もっとも、沖縄戦によってインフラが破壊され、その後の米軍による占領期には日本政府からの支援が十分には及ばなかった沖縄にとって、沖振計が全総の枠組みに組み込まれることは、「自立的発展を可能とする基礎条件を整備」するために不可欠のことでもあった。また島袋が指摘するように、復帰前の沖縄は国政に参加できず、官僚の輩出も困難であったことから、地元選出の議員や官僚を通して中央に働きかけて予算を獲得してくるという基本ルートを持っていなかったため、沖縄開発庁がそれを補完する役割を果たさなければならなかったという事情もあった[3]（島袋2014: 29）。

そして沖縄県民も、沖振計に基づくインフラの整備と経済的な発展を好意的に受け取っていった。例えばNHKが1970年から定期的に行っている沖縄県民意識調査をみると、復帰翌年の1973年には本土復帰について肯定的に評価する人の割合は38％、否定的に評価する人の割合は53％であったが、一振計が完了した1982年には肯定63％、否定32％と逆転している（河野2013）。

2.3　基地維持の手段としての沖縄振興開発計画

このように沖振計は、全総の枠組みに沖縄を組み込みつつ、沖縄を開発していった。それは沖縄県民にとって必要なことであり、評価もされた。だが、その結果として沖縄は、次第に自己決定権を喪失していく。なぜなら沖振計は、計画案の作成は沖縄県知事によってなされるものの、決定は内閣総理大臣によってなされる「国の計画」であり、沖縄に決定権がないからだ。しかも沖振法は10年ごとに期限をむかえる時限立法であるため、その度ごとに沖縄が国に特別措置の継続をお願いするという構図が生み出されていった。その結果、沖振計は「基地を今後も沖縄に維持しておきたい日本政府の思惑を反映」（川瀬2013: 9）するようになっていく。つまり沖振計は、沖縄に米軍基地を置き続けるための仕組みとして機能するようになるのである。

その傾向は、1996年以降の普天間基地移設問題をめぐる一連の動きを通して、より顕著に現れる。そして同時に、沖縄への振興事業は補償政策としての性格を薄めていく。次節では、沖振計に加え、普天間基地移設問題に関連して策定されていく様々な振興事業についても触れながら、その過程を見ていこう。

3. 普天間基地移設問題に関する振興事業の変遷とその意味

3.1 普天間基地移設問題の発端

1995年9月、3名の米兵が小学生女児を暴行するという「少女暴行事件」が起きる。この事件を契機に沖縄県内では反基地世論が高まる。10月21日に開催され、主催者発表で85,000人が集まったとされる県民総決起大会では、米軍人の綱紀粛正、日米地位協定[4]の見直しなどと同時に、基地の整理縮小促進が決議された。この当時の沖縄県知事は、基地の撤去を主張する革新系政党を支持基盤とする大田昌秀であったこともあり、基地の整理縮小という沖縄の要求は、極めて強いものとなった。

この沖縄からの要求を受けて、11月20日、日米両政府は沖縄の基地負担軽減について検討する「沖縄における施設及び区域に関する特別行動委員会」(Special Action Committee on Facilities and Areas in Okinawa: SACO) を、1年間の期限つきで日米安全保障協議委員会の下に設置し、基地の整理縮小に向けた協議を始める。そして SACO は1996年4月12日、中間報告を発表し、複数の米軍施設の返還、一部の訓練の日本本土への移転、日米地位協定の運用改善などの負担軽減策を提示した。なかでもその最初に書かれていた、沖縄本島中部にある宜野湾市の中心に位置する米海兵隊基地普天間飛行場（以下、普天間基地）の返還は、大きな注目を集めた。

しかしこの普天間基地の返還には、沖縄県内にヘリポートを建設し、そこに普天間基地の基地機能を移転するという条件がつけられていた。これが普天間基地移設問題の発端である。これ以降はヘリポート、すなわち普天間飛行場代替施設（Futenma Replacement Facility: FRF）を県内のどこに建設するかが議論の中心となり、同年6月には沖縄本島北部の中心都市、名護市の東海岸側にある人口1,600人ほどの集落、辺野古区の沖合が候補地として浮上してくる。辺野古には海兵隊基地キャンプ・シュワブ（以下、シュワブ）がすでにあり、その沖合は米軍が排他的に使用できる制限水域であったため、当初から有力な移設先と目されていた。これに対して比嘉鉄也名護市長は6月27日、反対の意思を表明し、翌28日には名護市議会も反対決議を出す。このように普天間基地移設問題は、県内移設という条件がついていたことにより、混迷を極めていく。

3.2 島田懇談会事業と沖縄側の軟化

沖縄県内における反基地世論の高まりと、普天間基地移設問題の混迷は、政府にとって望ましいものではなかった。なぜなら政府は、日米安全保障条約に基づき、米軍への安定的な基地の提供をしなければならず、さらに日米間の合意である FRF の辺野古建設も進めなければならないからだ。そこで政府は、沖縄側との関係改善を図っていく。

◆特集　国土のグランドデザインと地域社会:「生活圏」の危機と再発見

　1996年9月10日、橋本龍太郎内閣は、米軍基地の整理縮小によって経済発展をはかることを方針に掲げた大田県政の基本構想「国際都市形成構想」の推進を明記した「沖縄問題についての内閣総理大臣談話」を閣議決定する。そして、基地問題や経済振興などについて沖縄県が政府に直接訴える場である沖縄政策協議会の設置を決め、加えて96年度補正予算で沖縄振興特別調整費として50億円を計上し、沖縄県に交付する。

　さらに政府は、沖縄県内の基地を抱えている市町村を対象とする新たな振興事業として「島田懇談会事業」を提示する。同事業は、梶山静六官房長官の私的諮問機関として1996年8月に島田晴雄慶応大学教授を座長にすえて発足した「沖縄米軍基地所在市町村に関する懇談会」が、米軍基地を抱える沖縄の25市町村[5]を対象とする振興事業を進めるよう提言したことを受けて実現した事業である。なお正式名称は「沖縄米軍基地所在市町村活性化特別事業」であるが、座長にちなみ島田懇談会事業と通称されている。

　島田懇談会では、25市町村の人びとを対象としたヒアリングなどを通して、①基地所在市町村の街づくりなど各種施策の在り方、②地元と米軍とのより良い関係を築く方策の2点について検討がなされている。このうち①にあたるのが島田懇談会事業であり、1997年度より始められる。なお事業の補助率は9割であるが、残りの1割は地方交付税で賄われるため、自治体の負担は実質的に無く、補償的性格の強い振興事業だといえよう。

　こうした政府の融和的な姿勢を受け、大田知事は、FRFの辺野古建設についての態度を明確にすることなく、沖縄政策協議会を通して基地の整理縮小に向けた政府との交渉を進めていく。一方、比嘉名護市長は、島田懇談会事業を好意的に評価し、振興策と引き替えに建設を容認する姿勢を取り始め、1997年12月24日、FRFの受け入れを表明する。その3日前に実施された、FRFの受け入れを争点とする住民投票「名護市民投票」において、名護市有権者の過半数は受け入れ反対の意思を示していた。その意思に反して受け入れを決断した責任をとって、市長は翌日、市長職を辞する。そして新しい市長を決めるための選挙は1998年2月8日となる。名護市民は再び、辺野古移設の是非を問われることとなったのだ。

　こうしたなかで、FRFについては名護市民の決定を尊重するとして態度を保留していた大田知事が、投票日の2日前である2月6日、FRFの辺野古沖への受け入れ拒否を表明する。しかし名護市民は、比嘉前市長の後継者であり、受け入れ容認の立場にたつ岸本建男を市長として選出した。市民投票とは異なる意思が示されたのである。

　さらに11月15日の沖縄県知事選挙では、FRFを軍民共用空港として本島北部の陸上部に建設し、15年の使用期限が過ぎたあとは民間専用空港として活用すると公約に掲げていた稲嶺恵一が、大田知事を破って当選する。公約の実現可能性には疑問はあったものの、稲嶺が当選できたのは、大田知事の受け入れ拒否表明以降、沖縄政策協議会も開催されなくなるなど、政府と沖縄県との関係が冷え込み、振興事業も滞るようになっていたからだ。そこを稲嶺陣営は「革新不況」というスローガンを掲げて批判した。櫻澤誠が指摘しているように、県民が稲嶺に「政府との関係改善、基地問題への『現実的対応』を期待した」（櫻澤2015: 277）ことが、稲嶺の勝利につながったのだといえよう。実際に小渕恵三首相は、知事就任翌日に上京した稲嶺知事に対して、使途をあらかじめ定めない総額100億円の沖縄振興特別調整費を99年度予算案に加えることを約束し、県民の「期待」に答えている。

3.3 普天間基地移設問題に特化した振興事業の進展

こうして名護市、沖縄県がFRFの辺野古建設容認へとシフトしていったことで、政府は沖縄側の同意を確実なものにするべく、普天間基地の移設に焦点を当てた振興事業であるSACO交付金・補助金を創設する。中間報告を経て1996年12月2日に発表されたSACO最終報告では、普天間基地の辺野古移設に加えて10件の米軍関係施設の返還、縮小が約されていた。しかしその多くは普天間基地同様、移設が条件としてつけられていた。その移設先の市町村を対象とした振興事業がSACO交付金・補助金である。

具体的な内容も紹介しておこう。まずSACO交付金[6]は、公共用の施設整備を行う費用[7]に充てることを目的とした交付金で、具体的な使途は市町村長に委ねられており、事業の補助率も10割、すなわち自治体の自己負担はゼロである。一方、SACO補助金[8]は、SACO関連施設の移設先および周辺住民の生活環境への影響緩和を図ることを目的とした補助金で、事業の補助率は9割だが、島田懇談会事業と同様、地方交付税があてがわれるため、実質的には10割補助となっている。

このように、FRFをはじめとする代替施設の受け入れ予定自治体に対して、政府は手厚い振興事業を用意していった。その上で政府は、名護市によるFRFの受け入れ合意を得るために、名護市を中心とする沖縄本島北部12市町村に対して、10年間で1,000億円の財源措置を行うという北部振興事業を提示する。これを受けて岸本名護市長は1999年12月27日、FRFの辺野古への受け入れを正式に表明し、翌28日、政府は、建設地点を「キャンプ・シュワブ水域内名護市辺野古沿岸域」と定めた「普天間飛行場の移設に係わる政府方針」を、北部振興事業の実施とともに閣議決定した。

こうして政府は、振興事業を使いながら、FRFの辺野古への建設に対する沖縄側の同意を引き出していった。これについて島袋純は、1972年から大田知事が1998年の知事選挙で負けるまでの時期を、「沖縄振興開発特別措置法に基づき、『格差是正』を看板とし、基地への見返りを公にすることが不可能でありまた統治の仕組みとしても直接リンクする仕組みを設置することができなかった」期間である「沖縄振興開発体制」、稲嶺県政以降を、沖縄への振興事業が「基地への補償であることが政府や政党の幹部から公言されるようになり直接リンクする仕組みが整えられた」期間である「沖縄振興体制」だと名づけ、その質的な変化を指摘している（島袋2014: vi）。

とはいえ、この頃まで政府は、沖縄側の同意を得ようとしていた点は指摘しておく必要があるだろう。なぜなら政府は次第に、同意を求めることなく計画を進めるようになっていくからである。

3.4 V字型案と米軍再編交付金

FRFの辺野古沿岸域への建設が1999年12月に閣議決定されたときに示されていたのは、沖合を埋め立てて建設する「沖合案」であった。しかし反対運動による激しい抵抗を受けて沖合案は変更を余儀なくされ、2005年10月26日、日米両政府は、キャンプ・シュワブの兵舎地区を活用し、一部海域を埋め立てる案（沿岸案）で合意する。そして10月29日、日米

安全保障協議委員会において、沿岸案は在日米軍再編の中間報告「日米同盟：未来のための変革と再編」の一環として正式に合意される。

このときから普天間基地移設問題は、2001年9月11日の米国同時多発テロの発生を受けて、「テロとの戦い」に対応するべく世界規模で進められていた米軍再編計画のなかに組み込まれることになる。これに伴って普天間基地の移設には、普天間基地周辺住民の負担軽減に加えて、米軍の方針変更への応答と、その結果としての国防の強化という新たな役割が与えられた。そして政府は、「国防上の必要性」と「普天間基地の危険性の除去」という大義名分のもとに、移設計画を押し進めていくことになる。

2006年1月22日に行われた名護市長選挙で、岸本市長の後継者として立候補して当選した島袋吉和名護市長は、4月7日、額賀防衛庁長官と防衛庁で会談し、沿岸案では1本だった滑走路を2本とし、それをV字型に並べた「V字型案」が提示された「普天間飛行場代替施設の建設に係る基本合意書」に署名する。そして5月30日、政府は米軍再編中間報告を「法制、経費面を含め、的確かつ迅速に実施する」と明記した実施方針を閣議決定する。このとき同時に、99年12月の閣議決定および北部振興事業の廃止も決定されているのだが、北部振興事業の廃止に対しては沖縄側が強く反発し、同年末に「円滑な移設協議」を進めることを条件に復活が決まる。これによって北部振興事業も、より明確にFRFの受け入れと結びつくこととなった。さらに11月19日の沖縄県知事選挙で、稲嶺知事を後継した仲井眞弘多が当選する。これにより、辺野古へのFRF建設の可能性は一段と高まった。

このように普天間基地移設問題が米軍再編計画の中に組み込まれ、沖縄県も名護市も受け入れへと傾いていくなかで、より露骨に基地負担の受け入れと結びついた振興事業が生まれる。2007年5月23日に成立した「米軍再編推進特措法」（正式名称は「駐留軍等の再編の円滑な実施に関する特別措置法案」）を根拠法とする米軍再編交付金である。

この特措法が定めている米軍再編交付金支給の流れについて確認しておこう。まず防衛大臣は、米軍再編に関わる関係自治体を「再編関連特定周辺市町村」に指定する（第5条）。そして指定をうけた市町村に対して、「当該駐留軍等の再編の実施に向けた措置の進捗状況及びその実施から経過した期間に応じ」て、再編交付金が交付される（第6条）。さらに「再編関連特定周辺市町村」およびその他関連する市町村の首長の意見を聞いた上で、都道府県知事は防衛大臣に対して、当該地域を「再編関連振興特別地域」に指定するよう要請する（第7条）。

なかでも特に重要なのが、再編交付金の交付について定めてある第6条である。なぜなら、再編事業の進捗率を(1)受け入れ（10％）、(2)環境影響評価（アセスメント）の調査着手（25％）、(3)工事（埋め立てなど主要部分）の着工（66.7％）、(4)再編の実施（100％）と分類し、段階をのぼるごとに交付金が追加されていくシステムになっているからだ[9]。つまり再編交付金には、成果主義的なシステムが採用されているのである。

この、あからさまなまでの基地移設と交付金とのリンクは、政府によって意図的に結びつけられたものであった。たとえば久間章生防衛大臣は、参議院外交防衛委員会における質疑で、自治体が再編受け入れを拒んだ場合の対応について、「（再編を）やめてくれという市町村に交付する制度ではない」と述べ、反対自治体に支給しない方針を強調している（『沖縄

タイムス』2007.5.23朝刊)。また普天間基地移設問題に深い関わりをもっていた守屋武昌防衛事務次官は、退職後にうけた週刊誌のインタビューにおいて、より直截に以下のように述べている。

　「問題は、代替飛行場の受け入れと引き換えに政府が実施した北部振興策です。当時の比嘉鉄也名護市長は、名護市に活気を取り戻したかった。だから、代替飛行場の受け入れを表明したんです。ところが、その後、沖縄の行政や財界、政治家から『振興策は飛行場の受け入れと引き換えではないと表明してほしい』という要請があり、野中広務官房長官（当時）の政治判断で表明したんです。その結果、移設のプロセスが進まなくても、地元に金が落ちる仕組みが出来てしまった。問題がこじれて先延ばしになるほど、地元には金が入る。だから、僕は、移設が進まなければ金は出ないという形にしたんです」[10]

　このように政府は、米軍再編交付金によって意図的に基地移設と振興事業とを結びつけることで、基地移設を効率的に進めようとしていく。この米軍再編交付金は、補償金というよりも、むしろ報奨金に近いものだといえよう。報奨とは、ある人の功労や善行などに報い、それをさらに奨励することを指す。つまり報奨金とは、功労や善行を奨励するために支払われるお金であり、功労や善行を為そうという者に対しては与えられるが、そうでない者にはもたらされない。そして何が「功労」であり「善行」であるかは、報奨金を与える側が決定する。米軍再編交付金においてそれは、米軍再編への協力であり、普天間基地移設問題においてはFRFの受け入れなのである。

3.5　二度の政権交代がもたらしたもの

　FRFの辺野古への建設という政府の方針は、民主党が政権をとった2009年9月以降も、結果としては変わらなかった。マニフェストの「外交」の項目に「米軍再編や在日米軍基地のあり方についても見直しの方向で臨む」と掲げて政権交代を実現した民主党は、当初こそ首相の鳩山由紀夫が主導して普天間基地の沖縄県外への移設を模索したが、移設候補にあがった地域でことごとく拒絶されてしまう。

　この県外移設を巡る混乱のなか、2010年1月24日に実施された名護市長選挙において、FRFの辺野古建設への反対を公約に掲げて立候補した稲嶺進が、現職の島袋市長を破って当選する。名護市民は、はじめて移設反対の市長を選んだのである。

　しかし2010年5月23日、鳩山首相は沖縄に出向いた上で、仲井眞知事に対して県外移設断念を伝え、再びV字型案に回帰する。そして2012年12月26日に自民党・公明党による連立内閣が発足[11]し、再び自民党に政権が委ねられると、民主党政権によって「停滞」していた普天間基地の移設が強行的に進められるようになる。これに対して沖縄は、2013年1月28日、県民の反対を押し切って民主党野田政権時代の2012年10月1日に普天間基地に配備されたオスプレイの配備撤回と、普天間基地の閉鎖および県内移設断念を要求する「建白書」を安倍晋三首相に提出し、強い抵抗をみせる。この建白書には沖縄の全41市町村の首

長および議長、県議会議長らの署名がなされており、これを指して「オール沖縄」という呼称が用いられるようになっていく。

ただし建白書には、仲井眞知事の署名はなかった。そして政府も、もともとは辺野古移設容認の立場にたっていた知事へのアプローチを強めていく。3月22日、沖縄防衛局は沖縄県に、FRFの建設予定海域の公有水面埋め立て申請書を提出する。これによって争点は、知事が申請を承認するか否かへとシフトする。そして知事は12月27日、公有水面埋立法の基準に適合しているとして、この埋め立て申請を承認する。

この知事の承認に大きな影響を与えたのが、沖振計に基づいて一括計上される「沖縄振興予算」である。承認の3日前である12月24日、政府は2014年度の沖縄振興予算を前年度比15.3％増の3,460億円とすることを閣議決定した。さらに2021年度まで毎年3,000億円台の予算を確保するとの安倍首相の発言もなされた。そして知事は、この沖縄振興予算の増額を「有史以来の予算」と評価したのである（『沖縄タイムス』2013.12.27朝刊）。

この知事による承認を得た政府は、埋め立てに向けた作業に着手し、2014年8月18日には海底を掘削して岩盤の強度を測定する海底ボーリング調査を開始する。だがしかし、沖縄県民は、2つの選挙で仲井眞知事および政府に対してNOを突きつける。まず2014年11月16日の沖縄県知事選挙で、辺野古移設反対を公約に掲げて立候補した前那覇市長の翁長雄志が、三選を目指して立候補した仲井眞知事に約10万票の大差をつけて当選した。さらに知事選後の解散によって急遽実施された12月14日の衆議院選挙では、全国的には自民・公明が圧勝するなか、沖縄の4つの小選挙区ではすべて、辺野古移設に反対を掲げた「オール沖縄」勢が当選したのである。

これによって、沖縄と政府とは明確に対立の関係に陥っていった。しかし政府は、1996年のときのように、沖縄側との関係改善を図ろうとはしなかった。特に象徴的なのが、翁長知事を被告とする訴訟の提訴である。翁長知事は就任後、仲井眞前知事が行った埋め立て承認手続きの経緯を検証した上で、承認手続きに法的な瑕疵があるとの理由で2015年10月13日、仲井眞知事による埋め立て承認行為を取り消す。これに対して政府は、承認手続きには法的な瑕疵がなかったとして取り消し行為を取り消すよう是正指示を出し、それに従わなかった翁長知事を相手に2016年7月22日、不作為の違法確認訴訟を起こしたのである[12]。

また政府は、振興事業についても削減の方向で動いており、2015年1月14日に閣議決定した2015年度予算案において、沖縄振興予算を162億円、率にして4.6％減額する。厳しい財政状況や県の予算執行率の低さを減額の原因としてあげてはいるが、既述の通り仲井眞知事時代の2014年度には、前年度比15.3％増であったことと比べると、その冷遇ぶりが際立つ。また、2016年度の沖縄振興予算は、大幅な減額の可能性も示唆される中、10億円の微増となることが2015年12月22日に決定したが、これは沖縄選出の参議院議員であり、翌年7月の参議院選で改選を控えていた島尻安伊子沖縄担当相への配慮がなされたという側面が大きかった[13]。

3.6　補償型政治から強権型政治へ

以上、沖縄に対する振興事業の変遷をたどってきた。1972年の復帰に伴って実施された

一振計の頃には、少なくとも表向きには格差是正が振興事業の大義名分として掲げられていた。その背後には、沖縄戦とその後の米軍占領という国家の犠牲となった歴史を背負わされ、復帰後も米軍基地はほとんど縮小されず、日米安全保障体制の負担を担わされ続けている沖縄に対して「償い」をする必要があるという政府内の合意があった。

しかし次第に、沖振計は基地維持のための振興事業へとシフトしていく。それでも少女暴行事件を契機とする沖縄県内の反基地世論の高まりに対しては、沖縄側との関係改善を図る必要性を感じていた政府は、島田懇談会事業による補償政策に加えて、沖縄政策協議会を設置して具体的な基地負担の縮小に向けた協議を進めていた。

だが普天間基地移設問題以降、沖縄に対する振興事業は、SACO交付金・補助金や北部振興事業に見られるように、基地負担の受け入れと引き替えにもたらされる「代償」としての意味合いを強めていった。そして基地負担とのリンクが顕在化した米軍再編特措法以降、振興事業の性格は「報奨金」化し、政府の求める役割を果たそうとしない沖縄への振興事業は公然と減額されていった。

米軍基地を受け入れている国の指導者が、米軍基地問題にどのように対処しているのかに着目した研究を進めているケント・E・カルダーは、受け入れ国の指導者が基地に由来する問題を処理するためにとる典型的な政治手段を「強制」と「物質的補償」の2つだとした上で、日本は、強制はほとんど行わず、そのかわりに相当の物質的補償を提供する「補償型政治」の典型であると指摘している（カルダー 2007=2008: 194-212）。たしかに沖振計や島田懇談会事業、SACO交付金・補助金、北部振興事業は、日本が補償型政治であった証左といえるだろう。しかし米軍再編交付金において振興事業は報奨金的性格を強め、沖縄の意向よりも政府の方針のほうが優先されるようになった今、日本政府の姿勢は、カルダーが言うところの強権型政治に近づきつつある。カルダーによれば、強権型政治における基地受け入れ国の政府は、「補償を行わずに強権を行使し、国民を安全保障政策、具体的には駐留軍基地の受け入れに関する政策に従わせる」（カルダー 2007=2008: 225）という。基地負担に対する補償としてではなく、基地受け入れによる貢献に対する報奨金として振興事業を位置づけようとしている日本政府は、強権型政治に近づいているといえよう。

このように沖縄は、「国防の島」としての歴史を歩むなかで、安全保障という国益への貢献を事実上義務づけられてきた。それは、沖縄が安全保障に軍事的な貢献をする地域として「選択」されていることを意味する。そして、名護市に対する米軍再編交付金の交付が、辺野古移設反対の市長が誕生して以降なされていないことからも明らかなように、安全保障に貢献する限りにおいては投資が「集中」するが、そうでなければ引き下げられるという状況に陥っている。また既に指摘したとおり、翁長知事誕生以降、沖縄関係予算は減額の傾向にある。つまり沖縄は、国益に貢献しうる地方を選択し、そこに投資を集中するという「選択と集中」の論理が地方にもたらす影響が、先取りして現れていた地域なのである。

では、このような政府と沖縄との関係が、生活圏としての沖縄にどのような影響を及ぼしているのだろうか。次節では、辺野古区の普天間基地移設問題への応答を通して、この問いについて考えていこう。

4. 普天間基地移設問題に対する辺野古区の応答

4.1　反対から条件つき容認へ

　FRFの辺野古建設案が浮上した1996年6月、区の意思決定機関であり、区長以下18名の住民代表によって組織される辺野古区行政委員会は受け入れ反対を決議し、1997年1月には住民運動組織「ヘリポート建設阻止協議会（通称「命を守る会」）」が発足する。しかし「命を守る会」初代代表Nが、当時を振り返って「当初立ち上げた段階において、私に対する攻撃が確かにありましたね。しょっちゅうけんかですよ」[14]と語っているように、受け入れによる地域活性化に期待する容認派の区民もおり、4月には「辺野古区活性化促進協議会」が立ち上げられている。

　このように辺野古区民は、反対と容認とに分裂した。当初は反対派が優勢だったのだが、1998年2月の名護市長選挙、11月の県知事選挙で、容認派の岸本市長、稲嶺知事が誕生していく過程で、容認派区民の勢力が強まり、行政委員会も容認へとシフトしていく。そもそも辺野古区民は、1959年にシュワブが完成してから60年近く米軍基地とともに歴史を歩んでいくなかで、基地への雇用、米兵による消費、シュワブに提供している土地に対して支払われる軍用地料などを通して、そのほとんどがシュワブとの利害関係者となっている。そのため、辺野古区が基地反対を主張することは簡単なことではなかった[15]。

　そして1999年12月に、名護市がFRFを沖合に建設する案を条件つきで受け入れ、政府も閣議決定したことを受けて、行政委員会は2000年1月25日、「今後、辺野古住民に不安がなく、辺野古区に有利になるよう条件整備を行う必要がある」という、事実上の条件つき容認決議を表明する。O辺野古区長の「基本的には辺野古沿岸域への移設は望まないが、現在の国際情勢、SACO合意、名護市長が条件付き受け入れ表明したことにかんがみ、今後の動向を見据えて辺野古住民に不安なく、辺野古区に有利になるように慎重審議をし、条件整備等を行う必要がある」（『沖縄タイムス』2000.1.26朝刊）との発言からわかるように、移設は望まないが、建設される可能性が高まってきたことから、住民の不安解消と補償の確保を求めて条件の提示へと踏み切ったのである。

　そして、民主党鳩山政権による県外移設を巡る混迷を、FRFが建設される可能性のさらなる高まりと捉えた行政委員会は、鳩山首相による県外移設断念表明の2週間後である2010年5月21日、FRFのより沖合への移動、および見舞金の支給や永続的な金銭補償などの条件をつけた上で、受け入れを容認すると決議する。以後、この決議は撤回されることのないまま今日に至っている。

4.2　報奨金の受領と不可視化される反対の意思

　「選択と集中」の論理に基づいた地方政策を進める安倍政権にとって、「条件つき容認」の立場にたつ辺野古区は、国策に貢献する意思を示している地域だと映る。そうである以上、辺野古区には報奨金がもたらされる。それが2015年11月27日に創設された「再編関連特別地域支援事業補助金」だ。この補助金は、名護市を介さず久辺三区（辺野古区・豊原区・久志区）に直接交付される補助金であり、辺野古区は2015年度、他の二区とともに1,300

万円を受領している。

　だがしかし、辺野古区は諸手を挙げて受け入れに賛成しているわけではない。たとえば、条件つき容認を決議した際、O区長は「政府が条件を受け入れない場合は（移設を）はねのけることもある」とした上で、FRFの県外、国外移設を主張する稲嶺名護市長について「決議とは逆行しているかもしれないが、市長には頑張って公約を通してほしい」（『琉球新報』2010.5.22朝刊）と発言し、辺野古区が賛成しているわけではないこと、反対にまわる可能性もあることを強調している。また、O区長に変わり2013年4月から区長をつとめるK区長も、2014年4月14日、沖縄防衛局に区民への補償や騒音対策など13項目を要請しているが、この要請について「（名護）市が移設を阻止して基地が来なければ来ないでいい。ただ、移設の動きが進む中、何も訴えなければさらに区の環境が悪化される。要請は現実的な対応だ」（『沖縄タイムス』2014.5.12朝刊）と、FRFが来ない方がいいのだけれども、現実的な対応として要請しているのだと発言している。さらに2015年11月17日、翁長知事による埋め立て承認取り消し行為の撤回を代執行するための訴訟を政府がおこしたことを受けて開かれた記者会見において、菅義偉官房長官が、「直接被害のかかる辺野古の地元も条件付きで賛同している」（『沖縄タイムス』2015.11.18朝刊）と発言し、辺野古区の条件つき容認を、提訴が民主主義に反するものではないことの根拠として挙げた際にも、「賛同というのはちょっと違う」「移設の見返りではなく、迷惑しているから補償を求める立場。国が造ると言っている。迷惑を被るので当たり前に補償を求めている」のだと反論している（『沖縄タイムス』2015.11.20朝刊）。

　これらの辺野古区長の発言からは、辺野古が、FRFの受け入れに反対の意思を持っていながらも、補償を求めざるを得ない状況に陥っていることが見えてくる。政府は、特に安倍政権発足以降、名護市や沖縄県がどれだけ反対しようとも、FRFの辺野古への建設を押し進めてきた。さらに政府は、反対する名護市や沖縄県への振興事業を削減する一方で、辺野古には新たな振興事業を創設してまで補助金の交付を図っている。このような、FRFの建設がなされる可能性が高い現状にあって、シュワブとの関係から基地反対を主張しづらい辺野古区としては、政府に受け入れ条件を提示し、補償を求め、受け取ることは「現実的な対応」として「当たり前」の選択なのである。しかし、その受け取る補償金は報奨金としての性格が強いものであるため、政府は、補償を要求し、受領する辺野古区を「賛同している」と見なす。こうして辺野古区の反対の意思は、不可視化されていったのである。

5. GD2050が沖縄にもたらしたもの

　GD2050が、「選択と集中」の論理に基づき、地方政策を「地方のために政府が行うべきこと」から「国家のために地方が行うべきこと」へと転換させたことで、地方は存続しつづけるために、国益への貢献を果たしうる地域であることを主張せざるを得なくなった。しかも政府によって国益への貢献を果たしうる地域として選択された場合、貢献しないという選択肢は、地方には事実上残されていない。

　全総が、本来的には国力の向上を目的としたものであり、地方の発展は必ずしも目的で

はなかったように、国土のグランドデザインという計画の根底には、個に対する全体の優位が底流している。特に GD2050 は、全体への貢献を個に要請するものとなっており、貢献できない地域、貢献を拒絶する地域は、切り捨てられていく。

　米軍基地問題における、政府の沖縄に対する振興事業、および姿勢の変遷は、そのことを如実に示している。償いから始まった沖縄への振興事業は、沖縄に置かれている米軍基地が安全保障に貢献する度合いが高まるにつれて、次第に基地受け入れの代償としての補償金になり、そして受け入れる限りにおいて交付される報奨金へと変化していった。その結果、振興事業の受領は基地負担の受忍とみなされるようになり、負担を受け入れない場合には交付されないものとなった。

　このような状況のもとで、FRF の建設予定地となった辺野古区が選択できるのは、条件をつけて受け入れを容認することだけだった。しかしそれは、報奨金の受領である以上、賛同していることと同義と見なされる。そのため、辺野古区民の「来なければ来ないでいい」という反対の意思は不可視化されたまま、区民は自らの手で、FRF の受け入れという、生活圏の破壊につながる選択をせざるを得なくなったのである。

　このように国土のグランドデザイン、なかんずく GD2050 は、地方の自己決定権を実質的に剥奪していく政策である。その結果、地域住民の意思は不可視化され、生活圏としての地域社会の破壊に接続していく。この一連の連関を捉えることは、地域社会をめぐるマクロな構造の変化が住民に及ぼす影響についての考察を積み重ねてきた地域社会学が、生活圏としての地域社会を守るために果たさなければならない、重要な役割なのである。

［付記］本稿は JSPS 科研費 16K04106 による研究成果の一部である。

注
(1)　なお 21GD では、沖縄地域の目指すべき方向性は「アジア・太平洋地域の経済社会文化の発展に寄与する 21 世紀のフロンティア、『太平洋・平和の交流拠点』」とされていた。これと比較すると、「現代の防人」という表現の特異性は際立っている。
(2)　沖縄開発庁は、現在は内閣府に統合されており、その業務は内部部局として設置されている沖縄振興局に引き継がれている。
(3)　また島袋は、そもそも沖縄開発庁は「閣僚をトップにおき、総理府採用の職員と公共事業関係省庁の職員及び大蔵省・自治省からなる混合組織」（島袋 2014: 5）であり、基地問題に関わりのある外務省、防衛庁からの出向者はいなかったため、沖縄開発庁を通しても基地に関する問題は国にあがっていかないことの問題性を指摘している。つまり、国とつながる最も太いルートである沖縄開発庁が基地問題を扱えないという問題を、沖振計はその制度の内に抱えていたのである。
(4)　日米地位協定とは日米安全保障条約第 6 条に基づき日本とアメリカ合衆国との間で締結された協定で、主に在日米軍の日米間での取り扱いなどが定められている。米軍人が日本で犯した事件に対する逮捕権が日本側にないなどの不平等性から、米軍関係者による事件が多く発生している沖縄において、その改正を求める声は強い。
(5)　その後、市町村合併が進んだ結果、現在では 21 市町村となっている。
(6)　正確には環境整備法 9 条の特定防衛施設周辺整備調整交付金のことを指している。なお環境整備法（正式名称「防衛施設周辺の生活環境の整備等に関する法律」）は、1966 年に制定された、

米軍および自衛隊（自衛隊等）の行為や防衛施設の設置・運用に起因する各種の障害を防止・軽減する措置を定めた法律である「防衛施設周辺の整備等に関する法律（周辺整備法）」を改正し、住宅防音などの環境整備項目を付け加えたもので、1974年に制定された。

(7) 2010年の「環境整備法」改正に伴い、医療費の助成やコミュニティバスの運営費の助成などのソフト事業にも使用できるようになっている。
(8) 正確には環境整備法8条の民生安定施設助成補助金のことを指している。
(9) 『沖縄タイムス』2007年10月31日付夕刊を参照した。
(10) 『読売ウィークリー』2007年9月9日号。
(11) なおこの衆議院選挙で、自民党沖縄県連は普天間基地の県外移設を公約として選挙を戦っている。これは自民党本部の方針とは異なる公約だった。
(12) 訴訟の詳細については熊本（2017）を参照のこと。なお最高裁判所は2016年12月20日、沖縄県の敗訴を言い渡し、翁長知事は26日、埋め立て承認取り消し処分を取り消した。
(13) なお島尻氏は当該参院選において落選し、それにあわせて沖縄担当相の職を解かれた。
(14) 聞き取りは2004年8月13日、N氏が経営する店舗の事務室で行った。
(15) シュワブと辺野古との関係、およびシュワブ受け入れの経緯については熊本（2016）で詳細に論じてある．

参考文献

Calder, Kent E., 2007, *Embattled Garrisons: Comparative Base Politics and American Globalism*, Princeton University Press, ＝ 2008, 武井楊一訳『米軍再編の政治学――駐留米軍と海外基地のゆくえ』日本経済新聞出版社．

蓮見音彦, 1965,「地域開発の虚構と現実」福武直編『地域開発の構想と現実 III』東京大学出版会, 205-263.

河野啓, 2013,「本土復帰後40年間の沖縄の県民意識」『NHK放送文化研究所年報』57: 87-141．

川瀬光義, 2013, 『基地維持政策と財政』日本経済評論社．

熊本博之, 2016,「普天間基地移設問題における辺野古区民の不在」『歴史学研究』947: 12-23．

熊本博之, 2017,「政治が沖縄にもたらしたもの――普天間基地移設問題を事例に」『社会学評論』268: 432-447．

中澤秀雄, 2012,「地方と中央――『均衡ある発展』という建前の崩壊」小熊英二編著『平成史』河出書房新社, 170-216．

櫻澤誠, 2015, 『沖縄現代史――米国統治、本土復帰から「オール沖縄」まで』中央公論新社．

島袋純, 2014, 『「沖縄振興体制」を問う――壊された自治とその再生に向けて』法律文化社．

築山秀夫, 2016,「国土のグランドデザインと地域社会」『地域社会学会年報』28: 11-27．

山﨑朗, 1998, 『日本の国土計画と地域開発――ハイ・モビリティ対応の経済発展と空間構造』東京経済新報社．

吉野英岐, 2006,「戦後日本の地域政策」岩崎信彦・矢澤澄子監修『地域社会の政策とガバナンス』東信堂, 5-22．

◆特集　国土のグランドデザインと地域社会：
　　　「生活圏」の危機と再発見

国土のグランドデザインと市民活動
――震災復興現場からの問題提起[1]――

清水　亮

1. はじめに

　地域社会学が得意とするものの見方として、国家の政策や社会全体の動向といったことをマクロな視点で把握しつつ、これらの影響や現場での現れ方を地域の生活者レベルのミクロな視点で実証的に見ていこうとするという複眼的な視点の置き方というものがある。地域社会学会の研究委員会ではしばしばこのような視点を採用し、テーマ設定を行ってきた。「国土のグランドデザイン2050」を研究課題に取り上げ、研究例会やシンポジウムを行ってきた2014-2015年度の研究委員会も、まさにこのパターンの議論を採用した。

　もう一点、地域社会学にとって「開発」は極めて古典的で王道ともいうべきテーマである。地域社会学会自体が、高度経済成長期の地域開発により都市や農村で種々の問題が発生した時期に、これらを資本主義社会の矛盾として批判的に捉える関心から発足していることは、周知の通りである。「国土のグランドデザイン2050」は「全国総合開発計画」以来の国土計画の流れに位置づけられるものであるから、これを取り上げるということは開発を論じることにほかならない。

　地域社会学会の第41回大会シンポジウムにおいて筆者に課せられた報告課題は、「選択と集中」を標榜する「国土のグランドデザイン2050」の方向性が生活圏レベルの地域社会にどのような危機を及ぼすのかを考察しつつ、その一方でこのような国策レベルの大きな流れに抗する、あるいは受け流すような自立的な地域社会のあり方を現場から見出してくるという作業であった。まさに上述のとおり、地域社会学のきわめてオーソドックスな問題意識に基づく内容である。

　本論文はこうした文脈に沿って、まずは「国土のグランドデザイン2050」に象徴される国策の方向性をどのように捉えるのかについて、開発主義の観点からの考察を行う。そこでは、この計画が過去の開発計画とどのように類似しており、あるいは相違しているのかに注意を払いながら、計画の問題性を明らかにしていく。次いで、生活圏における問題性の現れとして、東日本大震災からの復興過程における市民活動の事例を示す。その上で、生活圏としての地域社会が自立的に存立するためのヒントとなりうる事例を示しながら、今後の市民活動に必要とされる要素について考えてみることとする。

2. 国土のグランドデザインと開発主義（土建国家）

　国土交通省は、2014年7月に「国土のグランドデザイン2050」を公表し、これをベースとした国土形成計画（計画期間：2015～2025年）を翌2015年8月に閣議決定した。国家が置かれた状況を分析しつつ、これに対応すべく政策的に国土を改造するのが国土計画であるが、ここで分析された課題は①急激な人口減少、少子化、②異次元の高齢化の進展、③変化する国際社会の中で競争の激化、④巨大災害の切迫、インフラの老朽化、⑤食料・水・エネルギーの制約、地球環境問題、⑥ICTの劇的な進歩等技術革新の進展、以上の六点である。

　このうち、人口減少や少子化は地域の消滅に直結しうる危機を表しており、巨大災害や資源・環境問題なども同様に危機そのものにほかならない。このような危機の煽りは、必然的にそれへの対応を迫る動機付けとなる（ショックドクトリン）。そして、コンパクト化＋ネットワーク化といった対応へ向けた考え方が示され、それらを具現化するための基本戦略が描かれる。これを忠実に実行するものとして各種の公共事業が位置づけられ、かくして整合性を持った一つの計画の下に国土の改造が遂行されることとなる。

　だが、実態は必ずしもこの流れに沿っているわけではない。たとえば、「巨大災害の切迫」に対して「災害への粘り強くしなやかな対応」が必要とされるが、「強くしなやかな国民生活の実現を図るための防災・減災等に資する国土強靱化基本法」が制定されたのは今般のグランドデザインが示される以前の2013年であり、東日本大震災を機にすでに個別の議論や対応は進んでいるのである。考えてみれば、人口減少・少子化・高齢化、各種環境問題やICT技術の革新など、何年も前から問題視されていることばかりであって、この時期に急に生じている出来事ではない。コンパクト化の議論も1990年代後半には日本でも議論が開始されており、危機の煽りにしては目新しさに欠ける内容といわざるをえない。要するに、これまで個別に分野ごとに取り組みが行われてきた内容に上位計画を被せてお墨付きをつけたような内容なのである。そうなると、グランドデザインに示された内容を生真面目に読み解くというよりも、もう少し背景について見ておかなければならないであろう。

　そもそも歴史を振り返ってみると、国土計画なるものは、以前から開発の大義名分を調達する役割を担ってきた。公共投資を四大工業地帯とその周辺に集中することで工業生産の効率化を達成し、高度経済成長に寄与した太平洋ベルト地帯構想は、同時に地域間格差という副産物をもたらした。最初の全国総合開発計画（1962）は、過度な集中を是正して「国土の均衡ある発展」を目指すとされたが、詰まるところ工業化を地方にも敷衍した開発政策にほかならない。新全総（1969）による大規模プロジェクトと交通通信ネットワーク構想、これに続く田中角栄の列島改造論では国土の主軸形成として新幹線や高速道路網の整備が図られるが、これも公共事業による開発そのものである。いわゆる「土建国家」の成立期である。石油ショックを経て三全総（1977）の時代になると、大都市一極集中の是正と地方重視の「定住圏」が唱われたが、公共投資の行き先を大都市から地方に向けただけのことである。やがてバブル経済期の四全総（1987）では一極集中の是正として多極分散型国土を掲げながらも同時に世界都市東京のウォーターフロント開発に見られるような大都市への公共投

資（都市再開発）が目立つようになった。

　こうして、公共投資に基づく景気の刺激というケインズ主義的な土建国家体制は、小泉政権の公共投資の抑制による財政再建まで継続したが、これを下支えしたのが高度成長期には豊富な税収、低成長期以降は赤字国債の発行、郵便貯金等を原資とする財政投融資であった。国土計画の策定は、開発の投資先をその都度設定し直すためのストーリーづくりの意味合いとして理解できよう。

　小泉政権から民主党政権の時代にかけて公共投資は縮小するが、リーマンショックや東日本大震災という日本経済を揺さぶる出来事が続き、今回のグランドデザインの時期に辿り着く。先にも述べたように、このグランドデザインは国土強靱化のように、再び公共投資拡大に舵を切る大義名分と読める。

　実際、安倍政権の経済政策（「アベノミクス」）では、ケインズ主義的な手法が採用されている。「三本の矢」と称されるアベノミクスの第一の矢と第二の矢では、それぞれ金融緩和による通貨供給量の増加と大規模な経済対策予算がデフレ脱却の名目で実施されている。これは土建国家の復活を示唆している。2016年度の国の当初予算は一般会計総額96兆7218億円に上っており、過去最大規模であった。東日本大震災の被災地への公共投資も特別会計として継続しており、財政再建どころか空前の財政赤字は依然として拡大基調である。

　だが、かつての土建国家の時代との大きな相違がある。それは財源問題である。利下げや量的緩和といった日本銀行による協調的な金融政策の後押しでかろうじて継続してきた赤字国債のさらなる発行にも限度があり、累積する債務下での財源とはなりにくい。グローバル経済の下で国債の信用度が下がれば今のような低利での発行は不可能で、金利が上昇しようものならたちまち国家財政は危機に陥る。また、郵政改革等、小泉政権下で財政投融資の改革も進んでおり、かつてのような規模の財源とはならない。むしろ、社会保障分野のニーズが高まるなか、土建国家型の公共投資は大きなリスクを背負っているようにしか見えない。それでも、地方自治体は公共投資の甘い蜜に群がっているのが現状である。たとえば、東日本大震災の震災復興においては、被災自治体への破格の財政支援が措置され、復旧・復興事業の大半は地方負担が実質ゼロとされた。これにより、もともと人口減少が進んでいた東北地方で、「復興」の名の下に過剰というよりほかない公共投資が続いている。補助金頼みの地方の体質が露呈している。

3. 選択と集中

　「国土のグランドデザイン2050」で強調されているのが「選択と集中」という発想である。そこでは、厳しい財政状況という条件下で最大の効果を上げるための方策として、選択と集中が必要であるとされている。

　一般に、財政が縮小する場面では、以前と同じような支出の仕方を継続しても同様の効果が期待できないことから、予算編成上の工夫を施すことで効果の縮小幅を減らそうという考えが生じる。この効率的な財政支出として登場するのが選択と集中である。かつての新自由主義的政策を前面に打ち出した小泉政権はもちろんのこと、格差是正を訴えた民主党政権で

も、前述の通り公共投資の削減が図られた。徹底的な精査の下、無駄な、あるいは効率が悪いとされる投資は削られていった（「聖域なき構造改革」、「事業仕分け」）。

　財政規模が同じ、もしくは拡大する場面でも、選択と集中は効率化という表面的な意味合いは同じであるが、もう一つ従来の配分を変更すること自体が別の意味を持つことになる。それは既得権の廃止である。小泉政権は大胆な公共投資の抑制や郵政民営化などで「構造改革」を断行した。政策決定への与党議員の関与を減らし、官邸主導のトップダウンを強めていった結果、いわゆる「族議員」の弱体化が進んだ。補助金獲得や公共事業の誘導などに一役買っていたとされる彼らの力が削がれるということは、別様の統治システムが必要になることを意味する。それが選択と集中の持つもう一つの意味である。

　選択と集中という配分原理においては、「集中」の対象を決める「選択」が一番の問題となる。小泉政権以来の地方分権化（＝「小さな政府」）の流れに従うのであれば、「選択」の基準を決める権限は政府が持ち続けるのではなく、財源ごと地方に移譲するのが筋である。いわゆる「三位一体の改革」では、確かに3兆円規模の税源移譲が行われ、国庫補助負担金の削減が実行された。けれども、政府が依然として「選択」の権限を保持する国庫補助負担金は、社会資本整備総合交付金や普通建設事業費支出金など、土建型公共事業に深く関わる分野に残っている。政府は「選択」の権限、すなわち評価者の立場を保持することで統治を遂行しているのである（評価国家）。

　相手方となる地方自治体も、政府に選択されるような企画立案・補助金応募に精を出している。自主財源による独自の生き残りを目指す自立（＝自律）的な自治体は極めて少数に過ぎない。首尾よく補助金を引き当てて目立った成果を上げた地域は成功事例として礼賛されるため、このような競争的な仕組みに積極的に荷担するのである。これが進むと、補助金を取ってきて何をするのか、当該地域をどのようにしていくのかという本来的な目的よりも、補助金獲得自体が目的化してくるようにさえなる。新規事業を立ち上げようとすれば、直ちに予算確保が問題となり、適当な補助金が得られなければ事業を諦めるという発想は、どこの自治体でも蔓延している。こうして、補助金頼みの政府依存体質が持続されることになる。依存と支配の共犯関係という統治の成立として捉えることができよう。

4．市民活動と補助金・助成金

　これまで論じてきたように、地方自治体と政府との関係は補助金を媒介とした依存的関係になりやすい。まさに、地方自治体の「自治」が問われている問題である。これに似たことが、市民活動組織と自治体、あるいは助成団体との間で生じている。補助金や助成金を得ることで、活動に影響が出るという事態である。

　近年、市民活動は各地で活発化しているが、この一つのきっかけとなったのが特定非営利活動促進法（1998年）の成立である。法律制定の元となったのは阪神淡路大震災の際のボランティア活動であるが、この時延べ167万人に上るといわれる人々が自らの意思で被災地に集まった。当初の支援活動としては食糧や物資の仕分けや配給、炊き出し、安否確認、避難所運営等が挙げられるが、仮設住宅への移行期には引っ越しの手伝いを担ったり、仮設住

宅でのコミュニティづくりや傾聴を行ったり、生活支援の領域にも活動は及んだ。この時のボランティアの活躍はその後の市民活動への社会的注目に繋がったが、すでに震災時の活動のなかでいくつかの課題が指摘されていた。その中には活動資金の確保、組織の責任体制といった問題も含まれており、市民活動を支えるためのしくみづくりの一環として法人格の取得が求められたのである。法人格を持つことで、たとえば補助金や助成金の受皿になることもできるし、事務所を借りることも可能になる。社会的信用を獲得することで活動を維持しやすくなるというわけである。

　これ以来、市民活動組織（NPO）は社会に位置づけられ、一定の役割を担うようになってきたが、明確に補助金の受皿としての要件を得たことから、資金源を補助金や助成金に依存し始める体質が生まれることとなる。行政サイドも市民活動の興隆を受けて、様々な補助金のメニューを用意するようになるので、必然的に両者は接近することとなる。市民活動と行政とのパートナーシップ（協働）の重要性が説かれる一方で、行政の下請け化を憂う批判的論調も生まれる。

　気をつけなければならないのは、何のために市民活動を実施するのかという、そもそもの組織の活動目的（mission）であろう。mission の遂行のために必要な資金を調達するという本旨を外さない限り、補助金や助成金を受け取ること自体に問題があるわけではない。けれども、通常の補助金や助成金はそれ自体に事業目的が存在している。そして、使用できる費目や対象に一定の制限がかけられていることがほとんどである。mission が補助金・助成金の目的にうまい具合に適合するとは限らないというのが現状であろう。このような乖離が生じる場合、多少のずれがあっても補助金・助成金を獲得することで組織の活動を持続させるのがよいのか、それとも初志貫徹ということで補助金・助成金を諦めるのか、悩ましい判断が突きつけられることになる。そして、前者を採用した結果、組織としての mission と外れたことを抱え込むことを余儀なくされるのである。

　このような乖離が常態化すると、当初の mission を見失うことすら出てくる。たとえば、補助金や助成金は、それを受け取る以上、その金額に見合った事業実績を作らなければならないし、経理も含めた事業報告書を作成してスポンサーに報告する義務も負う。基盤が脆弱な市民活動組織にとってこれらの負担は決して小さくないため、本来の活動を圧迫することになりかねない。こうなると、組織の存在意義そのものが揺らぐことになるのである。

　また、mission の遂行に対して組織の存続を優先するようになると、補助金や助成金をいかに安定的に確保するかに奔走することになる。こうした資金は補助・助成条件の見直しや打ち切りがしばしば行われるため、その都度翻弄されることになる。

　以上のように、市民活動でも活動資金の問題は大きな課題であり、この脆弱性が補助金・助成金への依存体質を生み出す源となっている。市民活動の社会的意義を説くだけにとどまらず、必要なときに必要なだけ資金調達ができるような安定的な資金供給体制を社会の側につくり上げる実践論が組み合わされる必要がある。

5. 東日本大震災における市民活動組織[2]

　上述のような依存をめぐる問題は、東日本大震災後の被災地支援活動においても発生している[3]。以下に大槌町の二つの事例を示そう。

(1) 和RING-PROJECT

　和RING-PROJECTは木工を通じた働く場所と生きがいづくりを目指して東日本大震災後に結成された団体である。もともとは外部からの支援者が立ち上げ、地元の被災者と協力しながら組織を立ち上げた。当初は避難所における「ガレキのキーホルダー」製作を実施し、最大時には内職者35名を抱えるほどの規模となった。内職単価は150円で、月に3～15万円ほどの稼ぎになったという。

　この団体では被災者支援という立場から、やがて自らが地域に根ざした働く場となるべく新しいビジネス創出へと目的を移行していく。被災者という労働力に、地元吉里吉里地区の木材と東北（五城目町など）の木工技術を掛け合わせた木工ビジネスの成立を目指したのである。この際、厚生労働省の生涯現役・全員参加・世代継承型雇用創出事業（2012年4月～2015年3月）、復興庁の新しい東北先導モデル事業（2013年10月～2015年3月）といった政府の補助金を受け、2015年2月時点で13名のメンバーの活動が支えられた。このうち、補助金枠での雇用は10名を数えた。しかし、事業期間の終了とともに補助金は打ち切られ、2015年4月以降、和RING-PROJECTに残れたのは僅か2名だけであった。

　残念ながら、10名以上もの雇用を作り出すには準備や期間が不足していた。それにしても、補助金の期間は3年とか1年半とか、あまりにも短い。和RING-PROJECTの場合、ゼロからの出発であった分、工作機械を手に入れたり使い方に習熟したりするのに時間を要したこともあるが、営業努力の末に幾ばくかの受注も入り、自分たちの木工技術に自信を持ち始めた矢先の補助金打ち切りは彼らには厳しかった。これが補助金に依存せざるを得ない被災地の現状である。もちろん、何もなかったところから2名の若者の働く場を作り出したこと自体は大いに評価すべきである。

　和RING-PROJECTを離れた人々は、その後相互出資で木工の別会社を設立するが、2017年の時点で、実質的にここで専任として働くことができているのは1名のみである。

(2) ぐるっとおおつち

　ぐるっとおおつちは東日本大震災以前からまちづくり活動に従事していた団体であるが、震災を機に被災者の生活再建支援のための事業を開始した。事業内容は、仮設住宅生活者の雇用・収入促進、さいがいエフエム、おおちゃん・こづちちゃん人形の製作販売等である。こうした事業を展開するに当たり、数回にわたり中間支援組織であるジャパンプラットフォームの「共に生きるファンド」助成を得ているが[4]、その多くは被災者雇用の人件費となっている。したがって助成金が出なくなれば雇用継続が不可能になり、事業縮小がやむを得ない状況となっていた。大槌町の場合、復興の遅れがしばしば指摘されるが、被災者の生活再建が軌道に乗らない段階での支援事業の縮小は、さらなる復興の遅れにつながる懸念があるといえる。

　以上の2つの事例は、せっかく被災地で新しい活動の芽が生まれてきたにもかかわらず、

補助金の打ち切りという事態によって持続が困難になり活動の縮小に至ったケースである。いずれも補助金や助成金を人件費として活用していた例であるが、一般に事業費全体の中でも人件費が占める割合は高く、このような用途に補助金を利用するのはやはり一時的な cash for work としての位置づけとならざるをえない。もともと補助金の目的は「緊急雇用」なのであり、恒常的で安定的な雇用を目指すのにこのような趣旨の補助金はミスマッチである。だが、補助金を取りにいくときにはしっかりと先が見通せているわけではなく、藁にもすがる思いで補助金に応募している。緊急雇用創出事業そのものは被災直後の cash for work としての重要な意義が認められるものであってそれ自体が悪いわけではないし、また補助金を受け取る団体がミスマッチな補助金に手を出してしまうことを一概に責めるわけにもいかない。これらは、補助金の出し方や種類、期間等について、現場の状況に即した形となっていないケースとして理解するのが適当だと思われる。言い換えれば、補助金・助成金のあり方について、どのようにしたら現場のニーズに合った形にできるのか、再度検討が必要だということである。

6. 依存からの脱却——復興グッズ共同販売の事例から

　補助金や助成金は市民活動にとっては魅力的な資金源でありながらも、これまで見てきたように、いくつかの問題を生み出すことがある。ここでは、活動資金問題を乗り越えようとした一つの事例として、筆者も関わった復興グッズ・被災地グッズ販売の支援活動を示すことにする。

　「東京大学被災地支援ネットワーク」（代表幹事：似田貝香門。以下、「東大ネット」）は2011年4月に発足した東日本大震災を対象とした被災地支援の団体である。学内の教職員に呼びかけを行って自主的に集まった40人余りからスタートし、やがて100人以上の規模にまで膨らんだ。被災地支援に関するメンバー間での情報の共有が主な活動であるが、ここに直接依頼が持ち込まれることもある。その一つが、復興グッズに関するものであった。依頼主は被災地NGO恊働センターの村井雅清氏で、内容は「まけないぞう」の販売促進についてであった。

　まけないぞうは阪神淡路大震災後の1997年に生まれた復興グッズであり、手ふき用のタオルを象の形に加工したものである。まけないぞうについては西山（2007）や似田貝（2015）に既往研究があるのでここでは詳細は省くが、被災地NGO恊働センター（以下「恊働センター」）の呼びかけで未使用のタオルを全国から送ってもらい（一本のタオル運動）、これを被災者に加工してもらって恊働センターが販売を行うという仕組みである。避難所や仮設住宅で手持ちぶさたでいる被災者にまけないぞうを楽しみながら作ってもらうことで集まるきっかけづくりになったり、生きがいを提供したりする効果を発揮している。まけないぞうの単価は400円であるが、250円が材料費・輸送費・事務通信費、50円が被災地支援のまけないぞう基金として積まれる残りの100円が作り手に渡る。ちょっとした小遣い稼ぎにもなるのが特徴で、いわゆる生きがい仕事づくりの事業である。

　このような復興グッズは災害からしばらくの間は売れるが、時間の経過とともに販売は激

◆特集　国土のグランドデザインと地域社会:「生活圏」の危機と再発見

減する。阪神淡路大震災の時には1997年に事業を始めて2年間は売れ行きがよかったが、それ以降は売り上げがどんどん減った。協働センターでは東日本大震災でもまけないぞう事業を展開したが、過去の経験から、まけないぞうをどうしたら売り続けられるのかを考えて欲しいという依頼が東大ネットに持ち込まれたのであった。

　調べてみると、東日本大震災の被災地では多くの復興グッズが作られていた。実際にいくつかの団体の話を聞いてみると、協働センターと同様の悩みを抱えていることがわかったため、2012年8月に岩手県内の復興グッズの主宰団体に声をかけて盛岡に集め、情報共有と意見交換の機会を作ることとなった。こうして復興グッズ被災地グッズ主宰者連携会議(以下「連携会議」)が発足したのである。

　当初連携会議では、2つの方向性を模索した。一つは各団体のWEBページを束ねて入り口を一つにするポータルサイトの作成であり、もう一つはそれぞれのグッズを共同で販売する機会を作ることである。

　前者については、参加団体の中には、WEBページを作成するなどして復興グッズに関する情報発信を行い、受注する仕組みを用意するところもあったが、必ずしもWEBページが活発に利用されているということはなかった。また規模の小さいところや情報技術に明るくない場合などはそうした手段を持たないケースも見受けられた。そこで、連携会議として復興グッズのポータルサイトを作成し、ここから各団体のWEBページにリンクを張ることで少しでも検索に引っかかりやすいような仕組みを作ることになったのである。そして、WEBページをもたない団体には新たにページを作成する手助けをすることにした。個々バラバラにあったものを繋げることで全体を大きく見せようという意図である。復興グッズや被災地グッズを扱うインターネット上のサイトは実はすでに複数存在していた。だが、どこもある程度のマージンを要求したり、カード決済の手数料やそのサイトの会員向けのポイント制度への参加を求められたり、復興グッズの主宰団体にはハードルが高いものばかりであった。やむを得ず、自前でポータルサイトを作成する道を選んだのである。

　だが、これには情報技術に長けた支援者が必要であった。そこで、盛岡市内の情報系の専門学校に打診をし、学生の力でこれらのWEBページ作成を行ってもらうよう依頼をしたのである。学校側も被災地支援と実践教育とが一度に実現できる機会と捉え、協力を受諾した。こうしてポータルサイトColle-Color（コレカラ）[http://www.colle-color.com/index.html]の完成に至ったのであった。通常であればWEBページの作成にはそれなりの費用が発生するが、専門学校という支援者を獲得することで、実質無料に抑えることに成功した。さらに、以下に示す共同販売会の際に使用する各団体の紹介動画(Flash動画)も専門学校の学生に作成してもらい、販促ツールとしたのであった。

　後者については少し詳しく記そう。連携会議に参加している団体は、出店機会があるイベント情報をそれぞれ持ち寄り、この指とまれ方式で他団体の参加を募って共同販売をスタートさせた。この方式で何度か試行錯誤しながら共同販売のノウハウを蓄積していった。参加するイベントによって客層が異なるために売れ筋も違ってくること、出店者毎の対面販売方式と集中レジ方式の使い分け等々、初歩的な発見の連続であった。

　そして、2013年6月29日〜7月2日までの4日間、連携会議全体での共同販売(「手しご

と絆フェア」）を実施する運びとなった。この時の参加団体は12団体で、売上合計は125万円余りである。会場となったのは盛岡の老舗百貨店の催事場であった。百貨店の催事場を借りるのには、通常はこの種の復興イベントであってもいくらかの会場費等を請求されるものである。しかし、百貨店側はこのイベントに対して一銭も請求することなく、それどころか新聞広告や顧客会員へのダイレクトメールでの宣伝など一切を無償で提供したのである。

　災害後に被災地に立ち上がってくる復興グッズの多くは被災者支援という形でスタートしており、その主宰者は無償や持ち出しで事業に取り組んでいる基盤が脆弱な主体である。イベントでの出店機会は販売促進の観点からきわめて魅力的である一方、出店料が必要な場合や、遠方過ぎて交通費がかさむ場合、あるいは期間中の販売員確保が困難な場合など、出店を断念しなければならないことも多い。岩手県の場合は被災地の多くは沿岸部に集中しており、人口が集中する盛岡等の内陸部に出向くだけでも時間や費用がかなりかかる。被災者支援という趣旨を汲んで会場の無償提供を実施した百貨店の英断はきわめて大きな支援となったのである。百貨店側は、県外からも岩手の被災者の支援に駆けつけているボランティアが活躍している時に、被災地の企業として何かできることはないかという思いでこの共同販売に協力を申し出たという。

　この共同販売を実施するにあたり、岩手県の広報が協力し、県庁記者クラブでの記者会見の場が用意された。マスコミが記事や番組で取り上げることで宣伝効果が生まれることを狙ったわけだが、このように種々の工夫を重ねることで、活動資金がほとんどない中でイベントを成功させたのである。

　この百貨店での共同販売は、2017年1月までに計7回開催されている。第3回からは販売員として、ポータルサイトを作成した専門学校の学生が手伝うこととなった。先述の通り、沿岸部にある団体は販売会の期間中に盛岡まで来て宿泊して販売員を務めるとなると出費がかさんで利益が出なくなる恐れもある。毎日往復するには時間がかかりすぎる。そこで、販売員を担当してくれる盛岡の支援者を見つけることで、この問題を解決することになったのである。ここでも、支援者の確保により、非常に少ないコストで共同販売が可能な条件が整えられたのであった。

　以上見てきたように、連携会議は固有の活動資金がない中を、適切な支援者をその都度確保してきたことで工夫して活動を成功させてきた。資金がないから活動を諦めるという短絡的な発想に陥ることなく、安定的な支援者を確保する努力を続けることによって、活動を継続させてきたのであった。これは、言い換えれば、完全に貨幣経済化した市場経済の仕組みでは復興グッズは太刀打ちできないため、貨幣に換算されない、すなわち価格に反映されない支援の要素を入れ込むことで広義の経済の中に参入していくということなのである。

7. 連携会議と補助金問題

　活動資金の問題を支援者の確保によって克服してきた連携会議であったが、実際には補助金をとったことが一度ある。百貨店で共同販売を行う際の場所代（出店料）や販売員にかか

る人件費等はすべて支援という形で無料となった。広告についても百貨店の協力や県庁の広報の計らいで、無料での宣伝が実現した。それでも、経費がゼロというわけではない。

たとえば、顧客宛てに配布したり当日の呼び込みに使ったりするためのチラシを作成することになったが、デザインから印刷まで、多少の経費が発生する。これ以外にも、レジ袋代やその他細かい雑費をゼロにすることはできない。合計で数万円程度、各団体で割るとおよそ数千円程度の負担である。だが、これをどのように負担することが可能なのか議論された。

考え方としては、グッズの販売価格にこの経費分を上乗せした価格設定が可能である（ただし、別の販売機会では経費が異なるためにその都度価格が変動するというデメリットもある）。販売価格を変えない代わりに製作者の取り分を減らすことで調整することもできるが、この場合はそもそも復興グッズの趣旨が被災者支援であることからできるだけ避けたい手段である。価格も変えず、製作者への取り分も減らさないとなると、やはりどこからか別の資金を調達してくるということになる。

連携会議では最初は経費分を各団体から徴収することだけを合意し、あとは団体毎に対応を任せることとした。しばらくはこの方式で回を重ねたが、やがて補助金で経費分を賄うという提案が一部の団体から出され、盛岡市の補助金の締め切りの関係で全体合意がないままなし崩し的に申請が出され、補助金を受けることとなったのであった。

このうち、百貨店での共同販売の経費と、前出のポータルサイト作成の経費とで三分の一程度を使用したが、残り三分の二は未消化となっていた。この使い道が確定しないまま、補助金の執行期限が迫ってきたため、当初の予定になかった共同販売会を無理に設定する事態となり、連携会議内の一部メンバーにかなりの負担がかかる状況が発生したのである。

補助金は確かに有効な資金源であろうが、必要なときに必要なだけ獲得できるような都合の良さは存在していない。この事例でわかるのは、連携会議が必要とする金額よりも受け取った額が多すぎたことが問題であり、また使用期間が短く区切られていることも事態を難しくした原因だということである。この種の補助金応募においては、少しでも多くの資金獲得を目指す傾向が見受けられるが、やはりその場でのmissionに立ち返り、missionの遂行に必要な資金調達の域を出ないことが肝要だと思われる。これを遵守しなければ、補助金の獲得やその執行に翻弄され、本来のmissionが疎かになりかねないからである。

上述の経験を経て、連携会議では補助金に代わる負担軽減の方法を模索した。そして、被災企業や各団体と関係のある企業に協賛企業として商品を卸値以下で提供してもらい、これを共同販売時に協賛商品として販売した売り上げの一部を開催経費に充てるというアイデアを実行することとなった。被災企業等としても卸値提供であれば負担はほとんどない。また、百貨店で日頃の取り扱いのない商品の場合は、老舗の百貨店に自らの商品が陳列される名誉もある。百貨店も一時的なイベントであることを鑑み、これらの商品を一緒に販売することに寛容な姿勢を見せた。結果的に、この方法はある程度の成功を収め、その後経費の捻出手段として定着している。

連携会議による共同販売は、地元老舗百貨店、専門学校、県庁広報という安定的な支援者を確保した結果、2017年1月までの開催は7回を数えている。売り上げも、漸減傾向が続くかと思われたが、2016年7月に開催された第6回目で最多の売り上げを記録し、右肩上がり

とはいかないまでも、工夫次第では売り続けることができる可能性を示した。実際、期間中に店頭で客の様子を見ているとリピーターの存在が散見されることからすると、安定的な顧客を獲得しつつあるのかもしれない。復興グッズの場合、一部には商品的価値の高さゆえに購入される場合もあるが、多くの場合は購入することが一つの支援を意味するものであることから（モラル・エコノミー）、リピーターがつくということも安定的な支援者の獲得の一つと考えてよいであろう。

　一方で、連携会議には課題もある。補助金に依存することはなくなったものの、回を重ねる毎に依存体質が表出してくるようになったのである。百貨店にせよ専門学校にせよ、こうした連携会議の外部の組織に対しては、その支援を獲得するために挨拶や綿密な打合せ、事後の御礼と報告など、信頼関係の構築は極めて重要となる。こうしたきめ細やかなコミュニケーションは、遠方からの外部支援では継続が容易ではない。当初この役割は東大ネットが担っていたが、徐々に連携会議の盛岡のメンバーに役割を移行するよう調整を図ってきた。だが実際にはその移行がいつまでも進まず、依存関係ができあがってしまったのである。

　現実の支援の場は難しい。補助金への依存は回避されても、また別の依存が発生したりする。本稿で取り上げた連携会議に関しては、東大ネットが立ち位置を一歩後方に下げることで、他の（地元の）メンバーの自立を待つことにしたが、これで連携会議が自立的に活動を継続できるかどうかは、脱稿時点ではまだ定かではない。安定的な支援者を確保し続けるというのも簡単なことではないのである。

8. 自立へ向けた市民のためのファンドレイジング

　以上のように、市民活動組織においても補助金や助成金、行政の委託事業などへの依存が原因で自立的な活動が妨げられているケースが存在している。自立性の確保のためには、依存に陥らない活動資金の調達が求められる。

　なお、ここでの「自立」は、必ずしも単独者として自立すること（単独自立）、すなわち組織がどこからの支援も受けずに自己完結することを指しているのではない。ここで想定しているのは、阪神淡路大震災後の支援活動で生まれた「自立とは支え合いだ」という思想に基づく新しい自立観である。この支え合いによる自立の前提となっているのは、〈弱い主体〉の存在である。〈弱い主体〉というと、社会的弱者を思い浮かべるかもしれないが、ここで言う〈弱い主体〉は、人は誰しも傷つきやすさ（vulnerability）を持った存在であることを意味する。たとえば、被災地の支援に駆けつけるボランティアは被災者に対して支援活動を行う。このある一瞬だけを切り取れば、支援する側と受ける側という非対称な一方的な関係のように見える。しかしながら、支援者はしばしば被災者を救いきれない自分自身の無力さ、力不足に悩み、傷つく。ストイックに支援に取り組もうとすればするほど、この傾向は強まる。そのような支援者には、一緒に活動する仲間や、また支援者を支援する者（後方支援）の存在が必要となる。時には目の前の被災者が必死に立ち上がろうとするその姿を見て、自らを奮い立たせることもある。こうして人は相互に支え合っているからこそ、自立的

に生きられるのである。そこには常に〈弱い主体〉に寄り添う（co-presence）という姿勢が存在している。

　このような自立の思想に準じて活動資金が調達できる市民ファンドの仕組みが成立すれば、資金提供者側の一方的な都合で補助金を打ち切ることがなくなり、現場の状況に合わせて（co-presence）、必要なときに必要なだけ必要なところに資金配分が可能になる。

　阪神淡路大震災後の1999年に、神戸で「しみん基金・KOBE」というファンドが設立されている。このファンドは、毎年の助成金の配分を公開審査方式で決定している点に最大の特徴がある。助成を申請する組織は、自身の活動と資金確保の必要性を公開のプレゼンテーションの場で訴える。審査委員も、説得力があると判断される組織に公開の場で投票して配分が決定される。ここでは審査する側も、その場に詰めかけた市民に対して自身の投票理由についての説明責任を負うことになる。配分の決定プロセスに市民が参加して自分たちで配分の論理を決めることによって、審査の透明性を高め、少しでも自立的な資金確保ができるように工夫が施されているのである。このような市民ファンドは、いわば市民が自らのために拠出した共有財（現代的な〈コモンズ〉）ということができる。

　公開審査方式を採用しているこの種のファンドはほかにもある。まちづくりの分野では世田谷まちづくりファンドが1990年代前半から助成を始めており、その後同様のファンドが全国のいくつかの地域で立ち上げられた。高木基金（2001年助成開始）では、平和や安全を脅かす社会問題に対して、市民の視点からの解決を目指すべく、市民科学の調査研究・研修を対象とした助成を実施している。このような寄付を広く募って市民活動に配分する組織以外にも、近年ではクラウドファンディングといった仕組みもあり、市民活動団体から提案された活動内容を市民が見て賛同すると、インターネットを活用して簡単に寄付ができるようになっている。

　こうした資金調達は、残念ながらまだ全体としての規模が小さい。このような市民ファンド等が拡大すれば、市民活動も行政や一部の中間支援組織の顔色を窺うことなく、必要なときに必要なだけ資金調達が容易になり、自立的な活動を展開できるようになるであろう。

9.　おわりに

　本稿では、「国土のグランドデザイン2050」を出発点としつつ、現在の国策の方向性を論じた。そこでは、開発主義（土建国家）に回帰していきそうな傾向を読み取りつつ、一方で「選択と集中」を導入することで公共投資の配分権限を介した支配が成立していることを指摘した。そして、地方自治体の側でも補助金への根強い依存体質が見られ、両者が支配と依存の共犯関係という統治を成立させていると捉えた。

　このような補助金への依存は、一部の市民活動組織においても同様の傾向が見られ、これが活動の自立性を阻害するという問題点を示した。その上で、活動資金の調達を市民ファンドに求めることで自立性が担保できる可能性を示唆した。

　このような議論構成の一部は、行政による市民活動の補完・下請け化であるとか、市民活動（ボランティア活動）とネオリベラリズムとの共振といった問題設定で議論されてきたも

のと重なるところがある（中野1999）（仁平2005）。なぜなら、生活圏で行われる市民活動を国策レベルの開発主義化と切り離して自立（＝自律）させることで、国家的戦略とは別様の生活主義的なあり方を担保しようという基本戦略自体が、社会保障費の増大を抑えながらも開発には予算を投じていこうとする政府の方向性と結果的に連動する可能性を排除していないからである。これについて最後に触れて、本稿の議論を閉じることとしたい。

　市民活動の領域が拡大し、政府が担うべき領域を代わりに引き受けるようになるのであれば、まさに「共振」的な流れに近くなる。けれども、それぞれの主体が担うべき領域間の線引きは所与のものではない。それ自体流動的であり、社会的に決められるべき事柄である。

　生活に根ざした市民活動において重要なのは、まずはその目指すところ（mission）を見定めることである。現在の生活のどこに問題があり、それをどのように克服するのかという点がはっきりしなければ、何のための活動かが不明瞭になり、missionを見失うことになる。逆に、missionを明確にすれば、それを実現するための自らのあり方、そして同時に政府のあり方も見えてくる。政府がすべきなのにしていないことがあれば、それをするように働きかける＝運動するのも市民の役割であろうし、政府よりも市民が担うべきことだと判断すれば、自ら活動を引き受けることになる。mission orientedな態度を堅持すれば、政府との関係は社会の状況によって協働的になったり、緊張関係になったり、対抗的になったりする。

　政府の統治に翻弄されることなく自立した市民活動を展開していくためには、「言われなくてもする、言われてもしない」（草地2001）というボランティアの本質に立ち返った姿勢を準拠点としていくことが重要であろう。missionに沿って市民自身が自らのあり方、政府のあり方を熟議し、現状を踏まえた検証作業から次の活動を紡ぎ出していくことが必要とされているように思われる。少なくとも筆者の知る限り、震災後の神戸の市民活動がそれなりに行政に対して自立＝自律的な存在として声を上げて活動してこられたのは、市民の手によるこうした検証作業をその都度行ってきたことに依るところが大きい（市民とNGOの「防災」国際フォーラム実行委員会編1998）（震災復興市民検証研究会編2001）（震災10年市民検証研究会編2005）。このような先駆的な取り組みに学びながら、市民社会の支え合いによる自立＝自律的な活動を広げていけば、「国土のグランドデザイン2050」のような言説から自由になれるのではないだろうか。

注
(1) 本論文は2016年5月15日開催の地域社会学会第41回大会シンポジウム(桜美林大学)における報告内容、並びに地域社会学会会報197号に掲載された当該報告内容の概略を大幅に加筆修正したものである。会報原稿と一部記述が重なる部分があることを断っておく。
(2) 本節以下に登場する東日本大震災に関連する事例については、当該団体に対するヒアリング、および復興グッズ被災地グッズ主宰者連携会議並びに協働販売会場における参与観察をもとに記述している。
(3) 菅野拓(2014)は東日本大震災における被災者支援団体の収入構造を調べているが、これを見ると補助金や助成金、行政委託や緊急雇用といった内容の収入がかなり多いことがわかる。

表　被災者支援資金充当額ベースでみた収入内訳 (出所：菅野拓 (2014))

		2010年度	2011年度	2012年度	2013年度(予算)
合計額 (万円)		70,555	808,205	1,013,080	674,596
1団体あたり平均額 (万円)		338	3,169	3,697	2,834
内訳の割合 (%)	行政補助金	21.7	7.1	11.1	18.1
	行政委託・請負	1.6	6.0	8.3	11.5
	緊急雇用	0.3	3.2	2.5	4.4
	民間助成	13.2	29.5	16.9	15.3
	寄付金	46.5	44.1	33.8	33.6
	会費	3.8	2.3	2.6	1.6
	独自事業	10.3	6.4	22.2	10.8
	その他	2.6	1.3	2.7	4.8
	合計	100.0	100.0	100.0	100.0
有効回答数		209	255	274	238

(4)　ぐるっとおおつちが受けた助成金は以下の通り。同じファンドからの助成で似た事業に見えても少しずつ名目が違う。実態が同じでも、形式上は毎年申請内容を変えないと審査に通らないからだという。

・ジャパンプラットフォーム (JPF)「共に生きる」ファンド助成
　2011年08月　大槌町の仮設生活・在宅避難者支援サービス　¥10,000,000
　2011年11月　大槌町の仮設生活・在宅被災者に対する持続的自立・復興支援　¥13,971,800
　2012年06月　大槌町の仮設生活・在宅被災者に対する発展的自立・復興支援　¥10,000,000
　2015年03月　大槌町民に対する永続的コミュニティーの形成と新たな情報発信ツールの確立　¥4,831,000

・年賀寄付金配分事業
　2013年度　被災者に対する新たなコミュニティ形成及び食文化の継承による復興支援事業　¥4,400,000

※本研究成果の一部はJSPS科研費24530613(研究代表者：清水亮)の助成によっている。

参考文献

草地賢一，2001，「ボランティアの思想と現実——阪神大震災の現場から」『草地さんの仕事』刊行委員会『阪神大震災と国際ボランティア論——草地賢一の歩んだ道』．

中野敏男，1999，「ボランティア動員型市民社会論の陥穽」『現代思想』27-5 青土社 pp.72-93.

西山志保，2007，『[改訂版]ボランティア活動の論理——ボランタリズムとサブシステンス』東信堂．

似田貝香門，2015，「モラル・エコノミーとボランティア経済——〈災害時経済〉のもうひとつの経済秩序」似田貝香門・吉原直樹編，『震災と市民1——連帯経済とコミュニティ再生』東京大学出版会．

仁平典宏，2005，「ボランティア活動とネオリベラリズムの共振問題を再考する」日本社会学会『社会学評論』56(2) pp.485-499.

市民とNGOの「防災」国際フォーラム実行委員会編，1998，『阪神大震災　市民がつくる復興計画——私たちにできること』神戸新聞総合出版センター．

震災10年市民検証研究会編，2005，『阪神・淡路大震災10年 市民社会への発信』文理閣．

震災復興市民検証研究会編，2001，『市民社会をつくる——震災KOBE発アクションプラン』市民社会推進機構．

菅野拓, 2014,「東日本大震災における被災者支援団体の収入構造」人と防災未来センター『研究論文・報告集』

◆論文

中山間地域の人間関係

——パーソナル・ネットワーク研究を通じて——

石 田 光 規

1. はじめに

　中山間地域の「限界化」が報告されてから、25年あまりの歳月が過ぎた[1]。その間も中山間地域の状況が劇的に良化する兆しは見られず、人口減少と高齢化はジワジワと進んでいる。減りゆく人口と高齢化は、都市部に比すると強固と言われていた互助的関係の基盤を着実に蝕んでいる。

　その一方で、中山間地域に住む人びとの大半は、現住地にとどまり続けることを望んでいる。たとえば、山本（1999）は、島根県で行った質問紙調査から、高齢者の多くが定住願望をもち、また流出者についても「不本意としての流出」「絶望としての流出」の可能性が高いと指摘している。とはいえ、利便性の面で都市部に後れをとる中山間地域での生活は、そう簡単ではない。現住地での生活を支えていた互助関係の縮小は、当該の地で住み続けることを望む人たちに援助関係再編の要求をつきつける。

　このような状況にさらされるなか、中山間地域で暮らす人びとはどのような人間関係を形成しているのだろうか。本論文は、2009年12月から2010年1月にかけておこなった質問紙調査『佐久間町の地域づくりとくらしに関する調査』（代表：丸山真央）のパーソナル・ネットワーク質問の結果をもとに、関係再編の圧力にさらされる中山間地域居住者の人間関係の諸相を検討する。

2. 先行研究と仮説

2.1 農山漁村とパーソナル・ネットワーク

　人びとの人間関係の広がりを質問紙調査により測定し、その実態や影響を検討するパーソナル・ネットワーク調査は、おもに都市居住者を対象に行われてきた。というのもこの調査手法の導入経緯が、諸集団の拘束が揺らぐなかで形成される人間関係の捕捉にあったからだ。これについて、日本において早い段階からネットワーク・アプローチの有用性を説いていた森岡は以下のように述べている。

　　都市住民にとって、自己の安定的役割を創出し、新しい他者との関係をつくりだすこと自体、まさしく都市生活への適応の内実を形成する要件だったのである。この状況の

◆論 文

　　もとでは、諸個人がとり結ぶ関係の総体性を把握することによってのみ、都市化過程と
　　相応する居住民の行動が理解されるのである。(森岡 1979: 20)

　その後、都市に住む人びとの人間関係の広がりを把握するため、多くの研究者がパーソナ
ル・ネットワーク調査を実施した（松本 2004; 松本編 1995, 2004; 大谷 1995; 森岡 2000, 2002、
野邊 1996）。
　都市研究の華やかな業績と裏腹に、農山漁村において、広域的な関係を析出・把握するア
プローチが採用されることは極めて珍しかった。関係形成において居住地域の「磁場」が強
くはたらく農山漁村では（野沢 1995）、人間関係をネットワーク的に把握する需要があまり
なかったのである。農山漁村のパーソナル・ネットワークに焦点をあてた研究は、管見によ
る限りでも、岡山県の農村部に住む高齢女性のネットワーク形態を検討した野邊（2006）や
日本の各府県（茨城県・静岡県・京都府・沖縄県ほか）の農村に住む女性のネットワークに
焦点を当てた原（福与）(2009) など僅かである[2]。
　これらの研究は農村の人間関係について、村落を越えた範囲で把握した点において大きな
意義をもつ。しかし、いずれの研究も農村の人間関係の実態把握に重きを置いており、それ
らの知見を包括する体系だった理論が不足している[3]。この点は、都市部におけるパーソナ
ル・ネットワーク研究の発展経路と対照的である。
　都市社会のパーソナル・ネットワーク研究は、ウェルマン（Wellman 1979=2006）のコミ
ュニティ論やフィッシャー（Fischer 1982=2002）の下位文化理論の批判的検討を通じて発展
してきた。この2つの理論はいずれも、拘束力の強い諸集団から解き放たれた個人が集積す
る都市部の人間関係のあり方に着目している。
　ウェルマンは、ローカル・コミュニティの拘束が揺らいだ地域における「親密な関係」の
あり方について検討した。一方、フィッシャーは、集団の拘束が揺らいだ都市部における友
人関係のあり方と文化について検討した[4]。
　ウェルマンとフィッシャーの研究は、その後、日本の都市社会学におけるパーソナル・
ネットワーク研究を水路づけ、豊穣な成果を残してゆく。このような事実に鑑みると、農山漁
村におけるパーソナル・ネットワーク研究は、都市のそれに比べ大きく後れをとっていると
言わざるを得ない。
　もちろん、従来通り農山漁村の人間関係は閉じた構造をもち、パーソナル・ネットワーク
研究の必要がないならば、このような議論はあまり意味をもたない。しかしながら、近年の
山村の「限界化」の議論を踏まえると、中山間地域においても、人間関係を拡散的に把握す
る必要性が感じられる。
　たとえば、徳野（2007）は自身の「T型集落点検」技法において、集落から退出した他出
子を積極的に活用することで、集落がまだまだ存続する可能性があることを指摘している。
行政も、集落の「限界化」に伴い、外部から集落を点検・支援する「集落支援員」の設置を
後押ししている[5]。
　これらの理論や試みは、中山間地域においても、一定の範囲にとらわれずに人間関係を把
握する需要が高まっていることを示唆する。以上の点を念頭におき、次項では本論文の研究

仮説を提示してゆこう。

2.2 仮説
2.2.1 村落の類型化

　都市住民を射程にしたパーソナル・ネットワーク研究では、諸個人のネットワークの構造を検討するにあたり都市化の度合い（都市度）に着目した。すなわち、都市化の進捗が諸個人の人間関係の解放（開放）、多様化、選択化を促すといった仮説を検討した[6]。本研究は、中山間地域における集落の利便性を基準に集落を類型化し、諸集落に住む人びとのネットワークの構造特性を検討する。類型化の基準として参照するのは、町村（2006）の集落類型である。

　町村は中山間地域の分析において、点在する諸集落を「集落の標高」と「まちにおける中心性」をもとに以下のように類型化した。

1　低地・中心：平均標高200m 未満で、地区の中心集落
2　低地・周辺：平均標高200m 未満で、地区の中心集落以外
3　山間・中高度：山地にあって平均標高200-300m
4　山間・高地：山地にあって平均標高300m 以上（町村 2006: 180-1）

　この類型は、集落の利便性とほぼ対応する。低地・中心集落は、文字通り「地区の中心」に位置するため、商店や病院も近く利便性が高い。低地・周辺と山間・中高度集落は、低地・中心集落に比べるとやや利便性が低くなる。山間・高地集落は、商店などへのアクセスが悪いだけでなく、斜面が多いため徒歩での移動も困難である。そのため、他の3つの集落に比して利便性はかなり低い。人口の減少や高齢化も著しく、いわゆる「限界化」を指摘されやすい地区でもある。本論文では、上述の4類型とネットワーク構造との関連を検討する。

2.2.2 仮説の提示

　次に、本論文で検討する仮説を提示しよう。第一はネットワークの総量にかんする仮説である。

　利便性の低い集落では、当該地区での生活が難しくなるため、人口流出が激しくなる。人口流出が激しくなると、当然ながら、近隣からのサポートの確保は難しくなる。したがって、中山間地域のなかでも利便性の低い集落ほど人間関係が縮退すると考えられる。これを「関係縮退仮説」としておこう。関係縮退仮説は、サポート関係の総量であるネットワークサイズ（関係縮退仮説α）と孤立（関係縮退仮説β）の二つの側面から検討する[7]。

　第二はネットワークの質にかんする仮説である。一般的には、条件不利地域の人びとほど近隣関係が盛んだととらえられがちである。というのも、山間村落などは、条件が不利ゆえに互助の規範が強く、集落の閉鎖性も高いと考えられるからだ。しかし、近年の「限界化」とともに、条件不利地域に住む人びとほど、人間関係を拡散させている可能性も出てきた。

◆論　文

　その典型例が先にあげた徳野のT型集落点検論である。彼の理論にしたがえば、条件不利地域に住む人びとは、近くに住む人たちに頼ることができなくなるため、サポート関係を中・遠距離に拡大して——他出子を利用して——生活を維持しているとも考えられる。つまり、条件不利地域に住む人たちは、その環境の厳しさゆえに関係を遠隔地に再編しているのである。これを「関係再編仮説」としよう。

　この関係再編仮説はネットワークの広域拡散を扱う点において都市部の仮説と一致している。ネットワークの形態そのもののみに着目すれば、コミュニティ解放論のなかで展開された議論と関係再編仮説はさして変わらない。しかし、拡散を促す原理は大きく異なる。

　都市部におけるネットワークの拡散を論じるさいに着目されるのは、都市部居住者の選択肢の拡大といった正の要素である。したがって、拡散現象も「解放」などのように、プラスのイメージを喚起する言葉で表されやすい。一方、山間部における関係の拡散は、頼るべき人がいなくなるという負の要素により強制的に生じる。

　関係再編仮説が支持された場合、都市部と山間部では関係の拡散という共通の現象が見られるものの、それ自体は選択と強制というまったく異なった原理によることが示される。本論文では、以上の仮説の検討を通じて、中山間地域における人間関係の諸相を明らかにしてゆく。

3. データと変数

3.1　データ

　分析には、2009年12月から2010年1月にかけて、静岡県旧磐田郡佐久間町（現在の浜松市天竜区佐久間町）に住む満20歳から89歳の男女700人を対象に実施した質問紙調査（「佐久間町の地域づくりとくらしに関する調査」（代表：丸山真央））の結果を用いる[8]。調査方法は郵送法を用い、有効回収数は386票、有効回収率は55.1%であった。

　回答者は男性49.6%、女性50.4%とほぼ半々である。年齢については20～39歳8.8%、40～59歳23.1%、60～79歳50.7%、80歳以上17.5%と60歳以上の人が圧倒的に多い。最終学歴については中学卒43.9%、高校卒37.2%、短大・高専、専門学校卒12.1%、大学・大学院卒6.7%と中学校卒の人が最も多い。調査の概要および回答者の基本属性の詳細については丸山・石田編（2015）を参照されたい。

　分析に用いた変数を説明する前に、調査地についても若干説明しておこう。調査地である旧佐久間町は、総面積の91.4%を林野が占め、可住地面積はわずかに8.2%しかない。人口は1955年の26,671人をピークに減少の一途をたどり、2010年の国勢調査では4,549人にまで減っている。そのうち65歳以上の人びとは51.4%を占める。人口減少と高齢化に悩む典型的な山村である。

3.2　使用する変数

　従属変数となるパーソナル・ネットワークは以下のように特定した。今回の調査では、「あなたが、つぎのようなおつきあいをする方」として、付き合いの種類を提示し、該当す

るサポートを提供してくれる人の人数を自宅からの距離別に質問した。具体的には、「病気のときの身のまわりの世話を頼む」「買いものなど日常の用事を頼む」「個人的な悩みごとの相談」「気晴らしにいっしょに出かける、おしゃべりをする」人の数について、距離別（「同居・敷地内」「30分未満」「30分から1時間未満」「1時間から2時間未満」「2時間以上」）に回答してもらった。これらのネットワークはサポート負担の軽重およびサポートの種類（情緒的・道具的）によって分けることができる。表1はその類型である。

表1　ネットワークの類型

	情緒的	道具的
軽いサポート	気晴らしにでかける、おしゃべり	日常の用事を頼む
重いサポート	個人的な悩みごとの相談	病気のときの身の回りの世話

それぞれのネットワークのメンバーとしてあげられた人数の合計を各ネットワークサイズとする。つまり、用途別に4つのネットワークのサイズがあることになる。また、各ネットワーク項目において、「同居・敷地内」「30分未満」としてあげられた人の数を近距離サポート数、「30分から1時間未満」「1時間から2時間未満」を中距離サポート数、「2時間以上」を遠距離サポート数とする。さらに、それぞれのネットワークをまったく保有していない人を「孤立者」として分析する[9]。

回答者の居住集落と集落類型との対応は、町村（2006）に基づいている。本研究では、問22の居住集落の回答からグループ分けを行った。表2に集落類型に対応する地区名を掲載しておく。この表を見ると、旧佐久間町内には、山間高地集落がかなり多いことがわかる。

表2　集落類型と地区名

集落類型	地区名
低地・中心	町、柏古瀬、佐久間、中部、半場、芋掘
低地・周辺	沢上、上市場、河内、早瀬、神妻、川合、大輪、西渡、舟戸、松島
山間・中高度	川上、出馬、小田敷、島中、下平、仙戸、戸口、相月
山間・高地	吉沢、地八、和山間、峯、羽ヶ庄、大滝、福沢、和泉鮎釣、間庄、瀬戸、上平山、野田、横吹

注：町村（2006: 182-3）から作成

分析においては、まず、集落類型ごとのネットワークの相違を平均値の比較やクロス集計により確認する。次に、これらの分析で統計的に有意な結果が得られたものについて、諸変数を統制した多変量解析により詳細に検討する。多変量解析を行うさいの統制変数は、表2の集落類型のほかに性別、年代、婚姻関係、世帯規模、学歴、子どもの数、佐久間町居住年数、佐久間町流入時期[10]、世帯収入である。操作化の手続きは以下の通りである。

性別、婚姻関係はダミー変数である[11]。年代は20・30代の若手世代、40・50代の中堅世代、60・70代の前期高齢世代、80歳以上の後期高齢世代とグループ化した。世帯規模については当該の項目を直接尋ねた質問はないので、回答者が同居家族としてあげた「間柄」の数を世帯規模とした[12]。学歴は中学校を9年、高校を12年、短大・高専、専門学校を14年、

◆論　文

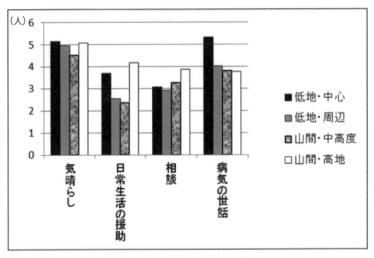

図1　ネットワークサイズの平均

大学・大学院を16年と教育年数に変換した。子どもの数、佐久間町居住年数は、それぞれの数値をたずねた質問紙調査の回答をそのまま用いている。流入時期は、第二次大戦前、戦後から昭和40年代、昭和50年代以降とした。世帯収入は、回答分布を考慮して、200万円未満、200～399万円、400万円以上と操作化した。

4. 分析結果

4.1　ネットワークのサイズ

　図1は各ネットワークサイズの平均値を集落類型ごとに示している。これらの数値の差を分散分析で確認したところ、いずれも有意差は見られなかった。したがって、集落類型に応じて、ネットワークサイズに差があるとは言えない。

　数値の大小を確認すると条件の不利な山間・高地集落の人たちが、必ずしもネットワークに恵まれていないわけではないことがわかる。むしろ恵まれていると言ってよいほどだ。

　日常生活の援助と相談については、山間・高地集落の人たちのネットワークが最も大きく、気晴らしについても、4グループのなかでは、2番目にサイズが大きい。病気の世話については、4グループのなかで最もサイズが小さいものの、低地・周辺や山間・中高度集落との差は僅かである。

　以上の結果をまとめると、パーソナル・ネットワークのサイズについては、①関係縮退仮説αに反して条件不利な山間・高地集落のほうがやや大きいものの、②統計的に有意と言えるほどの差はないことが明らかになった。したがって、ネットワークの総量という点からは、利便性の低い地域に関係縮退の傾向は見られないと結論づけられる。

4.2　孤立する人びと

　次に、孤立の傾向について確認しよう。図2は各ネットワークの孤立者の比率を示している。ネットワークサイズと異なり、孤立については、条件の不利な集落の関係縮退傾向を見

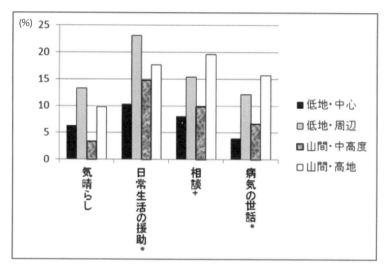

注：*:p<.05, +:p<.10
図2　孤立者の比率

いだすことができた。

　孤立の傾向は低地・周辺集落と山間・高地集落に強く見られる。4つのサポートのうち比較的軽めの気晴らしや日常生活の援助については、低地・周辺集落に孤立者が多く、次いで、山間・高地集落と続く。重めのサポート（相談、病気の世話）については、山間・高地集落に孤立者が多く、次いで、低地・周辺集落とくる。また、利便性の高い低地・中心集落は気晴らしを除く3つのサポート項目において、最も孤立者が少ない。

　カイ二乗検定の結果も、有意水準を10％としたものまで含めると、日常生活の援助、相談、病気の世話の3つの分析において有意である。したがって、孤立という観点からすると条件の悪い集落に住む人ほど関係を縮退させていると言うことができる。

　では、このような傾向はさまざまな変数の効果を統制しても見られるのだろうか。これについて、カイ二乗検定で有意となった各ネットワークの孤立（0）、非孤立（1）を従属変数としたロジスティック回帰分析の結果から検討してみたい。

　表3は、各ネットワークにおける孤立の傾向を確認したロジスティック回帰分析の結果である。まず、分析の焦点である居住集落と孤立との関連から見てゆこう。

　この表を見ると、さまざまな変数を統制しても、山間・高地集落と低地・周辺集落は、低地・中心集落に比べ、孤立のリスクが高いことがわかる。山間・中高度集落については、有意な効果が見られないため、一定の留保を要するものの、利便性の低い山間・高地で孤立のリスクが高まるという関係縮退仮説βは支持されたと言えよう。

　それ以外の結果についても簡単にまとめておこう。孤立に対して一貫して強い影響力をもつのは世帯規模である。すなわち、世帯規模が大きい人ほど孤立を回避しやすい。同居家族のサポート効果を考えると、この結果は不思議ではない。中山間地域に住む人びとにとって、同居家族は依然として有力なサポート源なのである。

　さて、前項の結果と併せて考えると、山間・高地集落は、日常生活の援助と相談ネットワークの平均サイズが最も大きいにも拘わらず、孤立のリスクが高いことになる。ネットワー

◆論　文

表3　孤立にかんするロジスティック回帰分析の結果

		日常生活援助				悩み事の相談				病気の時の世話			
		B	S.E.	Exp(B)	p	B	S.E.	Exp(B)	p	B	S.E.	Exp(B)	p
性別		-0.348	0.42	0.706		-1.381	0.566	0.251	*	-0.186	0.61	0.83	
年代	20・30代（基準）												
	40・50代	0.006	0.78	1.006		0.63	0.954	1.878		0.756	1.033	2.13	
	60・70代	-0.107	0.933	0.899		0.394	1.175	1.482		-0.024	1.302	0.976	
	80歳以上	0.218	1.081	1.243		0.565	1.367	1.759		-0.501	1.478	0.606	
配偶者有無		0.55	0.462	1.733		1.244	0.572	3.471	*	0.482	0.662	1.619	
子どもの数		0.172	0.195	1.188		-0.212	0.245	0.809		0.333	0.29	1.396	
世帯規模		0.749	0.282	2.116	**	1.099	0.381	3.003	**	0.933	0.419	2.542	*
教育年数		-0.159	0.096	0.853		-0.134	0.119	0.874		-0.356	0.144	0.7	*
居住年数		-0.018	0.013	0.982		-0.026	0.017	0.974		-0.01	0.018	0.99	
流入時期	第二次大戦前（基準）												
	戦後～昭和40年代	0.062	0.484	1.064		0.407	0.615	1.502		-0.869	0.678	0.42	
	昭和50年代以降	-0.89	0.583	0.411		-0.689	0.725	0.502		-0.784	0.888	0.457	
居住集落	低地・中心（基準）				**				**				**
	低地・周辺	-1.513	0.486	0.22	**	-1.721	0.6	0.179	**	-2.344	0.746	0.096	**
	山間・中高度	-0.359	0.624	0.698		1.532	1.149	4.626		0.186	1.207	1.205	
	山間・高地	-1.395	0.564	0.248	*	-1.635	0.65	0.195	*	-2.538	0.822	0.079	**
世帯年収	200万円未満（基準）												
	200～399万円	0.619	0.443	1.856		1.134	0.534	3.109	*	1.185	0.675	3.272	
	400万円以上	0.678	0.608	1.969		0.861	0.757	2.366		-0.101	0.815	0.904	
定数		3.612	1.603	37.053	*	3.991	1.986	54.11	*	6.629	2.372	756.71	**
	カイ2乗	39.841			**	59.116			**	35.359			**

注1：** : p<.01, * : p<.05

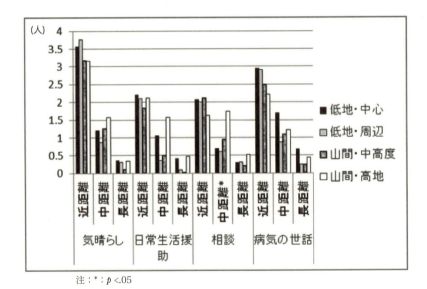

注：* : $p<.05$

図3　距離別のネットワークサイズの平均

クサイズの大きさは関係の豊富さを表すゆえ、当該の人たちは孤立のリスクも低いと考えるのが一般的である。この点は注目に値するので、結論部分でじっくりと検討したい。

4.3　距離別のサポート

　最後に、距離別のネットワークサイズをもとに、関係再編仮説を検討しよう。図3は集落類型ごとの各ネットワークサイズの平均値を距離別に示している。

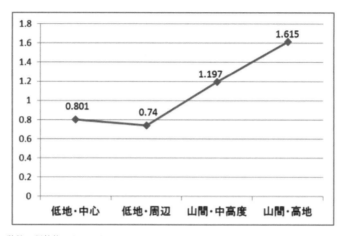

注1:数値は調整後のものである。
注2:検定結果は10%水準で有意となった。
図4　中距離の相談ネットワーク（調整値）

　いずれのネットワークも相対的に近距離の人を中心に構成されている。しかし、詳しく見ると山間・高地集落の人間関係の拡散傾向を読みとることができる。中距離のサポート関係に着目すると、気晴らし、日常生活援助、相談相手の平均人数は、山間・高地集落が一番多い。病気の世話についても二番目の多さである。その一方で、近距離のサポート相手は相対的に少ない。とくに負担の重い「相談」および「病気の世話」については、近距離のサポート関係が少なくなっている。

　低地・中心集落は、山間・高地集落と対照的に近距離サポートの相手が相対的に多い。また、中距離にもある程度のサポート相手を確保している。中心集落は交通の便もよいため、中距離の人間関係も確保しやすいのだろう。

　しかし、これらの傾向は、それほどはっきりしたものではない。分散分析の結果有意になったのは、相談相手のネットワークにおける中距離の平均値のみである。また、サポートの種類によってもある程度のバラツキがある。したがって、平均値から見る限りにおいて、関係再編仮説は緩やかな支持に留まる。

　では、諸変数を統制したときに、中距離の相談ネットワークサイズに差は見られるのだろうか。

　中距離の相談ネットワークサイズを従属変数とし、集落類型以外の諸変数を統制した多重分類分析を行うと、集落類型の効果は有意水準を10%としたときに有意な効果が認められた。図4は、多重分類分析により算出した調整後のネットワークサイズの平均値である。この図から山間部にいくほど中距離のサポート関係が増えていることがわかる。

　他のネットワークで統計的に有意と言えるほどの差が見られないこと、有意水準を10%としていることを踏まえると、関係再編が明確に進んでいるとは言い難いが、少なくともその傾向は現れつつあると言えよう。山間集落に住む人びとは、人間関係を近距離から中距離へと緩やかに再編しつつ、山間部での生活を継続しているのである。

5. 結論と考察

　本研究は山村における人間関係の構造を探るため、パーソナル・ネットワーク調査の結果を集落類型ごとに比較・検討した。その結果、「利便性の低い山間高地集落において人間関係の総量は縮退する」という関係縮退仮説αは支持されなかったものの、「利便性の低い山間高地集落では孤立のリスクが高まる」という関係縮退仮説βは支持された。また、「山間高地集落では、「限界化」に対応するため、人間関係を近隣中心から中・長距離へと拡散させている」という関係再編仮説は、わずかながらその傾向を読みとることができた。結論部分では、これらの結果を踏まえつつ中山間地域の人間関係について再度検討したい。

5.1　なぜ、ネットワークの総量は縮小しないのか

　今回の分析結果を通じて最初に生じる疑問は、利便性の低い山間・高地集落においてなぜネットワークの総量は減らないのかということである。平均値だけを見れば、山間・高地集落はネットワークに恵まれているとも言いうる。

　これについては、関係再編仮説と併せて検討したい。山間・高地集落に住む人びとは、ネットワークを中距離に拡散させる傾向を見せていた。つまり、ネットワークを再編しているのである[13]。そのように考えると、山間・高地集落居住者は、近隣ネットワークを縮小させつつも、それを中距離ネットワークに置き換えることで、不足分を補っているとも言える。立地条件の厳しい山間村落に住む人びとは、徳野の理論を踏まえるまでもなく、自ら関係を再編し、厳しい状況に適応しているのである。

　関係縮退仮説αと関係再編仮説の分析結果からは、厳しい山村に住む人びとの生活適応手段を読みとることができる。彼らは選択肢の拡大という華やかな言説に彩られない形での「コミュニティ解放」を経験しつつある。

5.2　なぜ、ネットワークの総量は維持されているにも拘わらず孤立のリスクは高いのか

　だからといって、事態を楽観視することはできない。というのも、条件不利地域に住む人びとは、利便性の高い低地・中心集落に住む人に比べ、高い孤立のリスクを背負うからだ。ここから「条件不利地域において、なぜ、ネットワークの総量は維持されているにも拘わらず孤立のリスクが高まるのか」という第二の疑問が生じる。これについても関係再編仮説と併せて検討したい。

　孤立傾向を分析すると、低地・周辺集落と山間・高地集落の人びとは孤立のリスクが高まることが明らかになった。ここでは、山間・高地集落に限定して議論を進めたい。

　関係再編仮説の分析結果からも読み取れるように、条件の厳しい山間・高地集落に住む人びとは人間関係を再編する要請を受ける。ネットワークサイズの"平均値"だけを見れば、彼ら／彼女らは人間関係を巧みに再編し生活しているように見える。

　しかし、関係の再編は容易ではない。関係の再編がうまくいかない人も少なからずいるはずである。そのため、「限界化」がもたらした関係再編の要請は、それに応えられる人と応えられない人を選別し、関係を"もつ人""もたない人"を明確化させる。その結果、山間・

高地集落における孤立のリスクは拡大してゆく。このようなリスクを縮小するために、集落支援員などを通じた山間集落の孤立対策は、今後、いっそう望まれる。

5.3 コミュニティ解放論再訪
5.3.1 都市と山村の"奇妙な"一致

　以上の点を踏まえ、中山間地域のパーソナル・ネットワークの特徴についてまとめてゆこう。中山間地域のなかでも生活条件のとくに厳しい山間・高地集落に住む人びとは、サポート関係を中距離にまで拡散させていた。彼ら／彼女らは中距離に位置する人びとを活用することで生活を維持しているのである。この関係の拡散傾向は、現象だけを見れば都市部に見られるパーソナル・ネットワークの様相と一致する。山村と都市、一見すると対極に位置する場がネットワーク形態において相似を見る。その背後にはどのような原理が作用しているのだろうか。

5.3.2 都市の拡散、山村の拡散

　都市部における人間関係の拡散は、コミュニティ"解散"という言葉にもあるように、個々人がローカルな集団から解き放たれたことにより発生した。「場所」に対する意識の希薄化した諸個人が、選択的に関係を再編すれば、親密な関係は距離的に拡散してゆく。

　一方、ローカルな集団が比較的強固な中山間地域では、拡散的な関係にはあまり注目が集まらなかった。彼ら／彼女らの関係は地域の「磁場」に規定されるため、緩やかな解放しか経験しないのである。しかし、中山間地域の「限界化」は、都市部とは異なった力学での関係の拡散を要請した。

　中山間地域の「限界化」は、現住地での生活の存続を難しくするため、当該地域から人口を排出させる。人口の排出は生活の存続要件に乏しい地区、すなわち、利便性の低い地区ほど速い。そうなると、当該地区では内部の住民による互助が難しくなるため、中距離・遠距離の人びとを巻き込んだネットワークの再編を余儀なくされる。かくして、利便性の低い山間・高地集落では、ネットワークの"補填"を目的とした関係の拡散が見られるようになる。

　以上の過程を経て、「限界化」の進んだ地域におけるネットワークの形態は、都市化の進んだ地域のそれと奇妙な一致を見る。選択性の拡大による地域からの解放と都市部への施設の集積は、都市居住者の関係を拡散させるだけではなく、条件不利地域から人口を奪い、結果として、当該地域に対して孤立のリスクを背負わせながらも、コミュニティ"補填"を目的とした関係の拡散を促す。以上の事実に鑑みると、パーソナル・ネットワーク研究は、中山間地域の人間関係を把握するにあたり、今後、ますます重要になると考えられる。

5.4 今後の研究のために

　しかしながら、中山間地域のパーソナル・ネットワークを解明する試みは、まだ端緒についたばかりである。そのため、検討すべき課題も少なくない。そこで、本論文の締めくくりとして、今後検討すべき課題のいくつかをあげておこう。

　第一は、山間・高地集落以外の論考の補足である。今回の研究は、着眼点を山間・高地集

◆論　文

落にほぼ限定している。そのため、他の集落にかんする記述がやや不足している。しかしながら、今回の分析でも興味深い知見がいくつか見出されている。たとえば、低地・周辺集落は、山間・高地集落と同様に孤立傾向が見られる。こうした現象については、その原因をさらに追究しなければならない。

　第二は、パーソナル・ネットワークの詳細な把握である。今回の研究では、種類別、距離別にパーソナル・ネットワークの人数を特定したのみであり、ネットワークを構成する人びとの属性や特性はわからない。親族や友人など間柄別にネットワークを特定すれば、山村の人間関係の構造についてより明確にできるだろう。

　第三は、質的調査との関わりである。本研究の分析から、条件の厳しい山間集落では、孤立のリスクが拡大しており、また、関係を保有している人と孤立している人の差が顕著になっていることが明らかになった。そうなると次は、山間・高地集落においてどのような人びとが孤立に陥りやすいのか、また、関係性の維持・再生にあたってどのような方策が考えられるのか検討する必要がある。これについては、集落を単位とした質的調査が望ましい。

　第四は、中山間地域の諸問題とネットワーク論を架橋する理論の彫琢である。本論文は、研究の焦点をネットワーク論にあてたため、中山間地域の諸問題や実情との関連をあまり議論できなかった。しかしながら、パーソナル・ネットワーク研究は、「限界化」を指摘された中山間地域の諸問題を抽出し、その対応策を検討する有用なアプローチとなり得る。というのも、高齢者の単身化がすすむ山間集落では、関係の再編および関係を代替する支援策の検討が喫緊の課題となるからだ。

　本研究の山間・高地集落の分析では、住民が集落外に築き上げたネットワークの有用性が示唆された。しかしその一方で、関係の再編圧力に適応し得ない人びと（孤立者）への支援の必要性も示された。後者に当たる人びとにどのような支援をすべきなのか、過疎地域自立促進特別法により導入された「人の支援[14]」は関係を再編し得ない人を救うのか、といった問題は今後検討されてしかるべきである。

　他方、関係の再編圧力は、そこに適応し得ない人びとの強制退去を促す可能性もある。経済合理性を基軸として、コンパクト化を志向した支援策が実践されれば、住民は山村にとどまるのが難しくなる。「選択と集中」の力学のもと、住み慣れた中山間地域から引き剥がされた人びとのネットワークと心身の状況に関する分析は、「意図せざる移住者」の善き生活を考える上で欠かせない。したがって、今後は、中山間地域におけるさまざまな問題と絡めつつ、議論を深めてゆく必要がある。

　かつての農山漁村社会においてはパーソナル・ネットワーク手法を用いて、住民の人間関係の特性を把握する必要性および理論的背景が不足していた。しかし、「限界化」を迎えた農山村では、集落を超えてまさにネットワーク的に関係を把握するアプローチが求められている。それにより住民がどのような適応戦略をとっているのか、あるいは問題がどこにあるのか確認することができる。「限界化」が指摘される現在、農山漁村社会におけるパーソナル・ネットワーク・アプローチの重要性は、ますます高まるであろう。

注
⑴ 「限界集落」という言葉の生みの親である大野晃は、遅くとも1991年にはその表現を使っている。大野の研究の詳細は『山村環境社会学序説』（2005）にまとめられている。
⑵ 固有の集落に住む人びと全員の人間関係を構造的に把握したネットワーク分析は上野（2010）が行っている。
⑶ 両者の研究がいずれも女性にしか焦点をあてていないことも問題としてあげられる。
⑷ ウェルマンは、一次的紐帯は消失したとする「コミュニティ喪失論」、存続しているとする「コミュニティ存続論」、一次的紐帯はローカルな範域を超えて拡散したとする「コミュニティ解放論」の3つを検討した。フィッシャーは、都市部では集団を媒介しない「友人としか言いようのない」（just friend）関係が増え、それが豊かな下位文化を築いてゆくとする「下位文化理論」を検討した。
⑸ 平成27年度の専任の集落支援員の設置数は994人である。
⑹ しかしながら、都市度を測定する尺度は一貫していない。フィッシャーは人口量と密度を都市度の基準に掲げているが、その基準は必ずしも踏襲されていない。むしろ、地方都市と政令指定都市のように大まかな基準で調査対象都市を選出し、当該地区に住む人びととの人間関係を比較検討している研究が多くを占める。
⑺ 具体的な仮説は、「利便性の低い集落ほど人間関係の総量は縮退する」（関係縮退仮説α）、「利便性の低い集落ほど孤立のリスクが高まる」（関係縮退仮説β）である。
⑻ データをご提供いただいた丸山真央氏に謝意を申し上げる。
⑼ 本研究のネットワークの操作化の方法は、ウェルマンのそれと若干異なる。すなわち、ウェルマンの研究では、サポート提供者は「世帯外」の交際相手に限定される一方で、本研究では世帯内の人びともサポート提供者に含まれる。そのため、ウェルマンの研究よりも、若干、近場のサポート関係が抽出されやすい。分析結果の解釈のさいにはその点に注意しなければならない。
⑽ 「佐久間町流入時期」とは親以上の世代も含め、最初に佐久間町に流入した時期である。
⑾ 性別は男性を1、女性を0、婚姻関係は配偶者ありを1、なしを0とした。
⑿ 具体的には、同居家族として「配偶者」「未婚の子」「結婚している子」「子どもの配偶者」「孫」「あなたの親」「配偶者の親」「祖父母」「あなたまたは配偶者の兄弟姉妹」「その他」の選択肢から多重選択方式で特定した質問の回答を利用する。しかし、この方法で世帯規模を操作化すると、世帯規模を若干低く見積もる可能性がある。たとえば、同居している「未婚の子」が複数いる場合でも、「一人」とみなしてしまう。結果の解釈のさいにはその点に留意する必要がある。
⒀ ただし、この知見については、本研究の分析結果がパネルデータを検討したものではない点に留意する必要がある。本分析は山間・高地集落の人びととのネットワークの"変化"を時系列的に検討したわけではない。本研究の知見は、山村における人間関係の凝集性というこれまでの言説と本分析の結果を対比しつつ導き出したものである。「限界化」が進んだ現在において、「限界前」と対比する調査は不可能であるが、その点において一定の留保を要する。
⒁ 「人の支援」の具体例としては集落支援員や地域おこし協力隊があげられる。

文献
Fischer, Claude S., 1982, *To Dwell among Friends: Personal Networks in Town and City,* Chicago: The University of Chicago Press.（＝2002, 松本康・前田尚子訳『友人のあいだで暮らす――北カリフォルニアのパーソナル・ネットワーク』未来社.）
原（福与）珠里，2009,『農村女性のパーソナルネットワーク』農林統計協会.
町村敬志，2006,「ポスト・ダム開発の半世紀――地域社会に刻まれる佐久間ダム建設のインパクト」町村敬志編『開発の時間 開発の空間――佐久間ダムと地域社会の半世紀』東京大学出版会,

171-194.

丸山真央・石田光規編, 2015, 『「限界」化する山村の現状と対策に関する社会学・社会福祉学的研究——静岡県旧佐久間町を事例として』調査報告書.

松本康, 2004, 『大都市における社会——空間構造と社会的ネットワークに関する研究』平成 12 〜 15 年度科学研究費補助金（基盤研究 (B)(2)）研究成果報告書.

松本康編, 1995, 『増殖するネットワーク』勁草書房.

松本康編, 2004, 『東京で暮らす——都市社会構造と社会意識』東京都立大学出版会.

森岡清志, 1979, 「社会的ネットワーク論——関係性の構造化と対自化」『社会学評論』30(1): 19-35.

森岡清志編, 2000, 『都市社会のパーソナルネットワーク』東京大学出版会.

森岡清志編, 2002, 『パーソナルネットワークの構造と変容』東京都立大学出版会.

野邊政雄, 1996, 『キャンベラの社会学的研究』行路社.

野邊政雄, 2006, 『高齢女性のパーソナル・ネットワーク』御茶の水書房.

野沢慎司, 1995, 「パーソナル・ネットワークのなかの夫婦関係」松本康編, 『増殖するネットワーク』勁草書房, 175-233.

大野晃, 2005, 『山村環境社会学序説——現代山村の限界集落化と流域共同管理』農文協.

大谷信介, 1995, 『現代都市住民のパーソナル・ネットワーク——北米都市理論の日本的解読』ミネルヴァ書房.

徳野貞雄, 2007, 『農村の幸せ、都会の幸せ——家族・食・暮らし』NHK 出版.

上野眞也, 2010, 「人々の繋がりを調べる——社会ネットワーク分析」山中進・上野眞也編著『山間地政策を学ぶ』成文堂, 117-140.

Wellman, Barry, 1979, "The Community Question: The Intimate Networks of East Yorkers," *American Journal of Sociology* 84(5): 1201-1231.（＝2006, 野沢慎司・立山徳子訳「コミュニティ問題——イーストヨーク住民の親密なネットワーク」野沢慎司編・監訳, 『リーディングスネットワーク論——家族・コミュニティ・社会関係資本』勁草書房, 159-200.）

山本努, 1999, 『現代過疎問題の研究』恒星社厚生閣.

◆論文

メルボルンの高齢女性のパーソナル・ネットワークとソーシャル・サポート

野邊　政雄

1.　本稿の目的

　Kendig は 1980 年から 85 年にわたってオーストラリア国立大学社会科学研究所で「高齢化と家族プロジェクト」(Ageing and Family Project) を主宰し、シドニー（＝シドニー大都市圏）に住む 60 歳以上の高齢者 1050 人にパーソナル・ネットワーク（以下では、PN と省略する）の調査を 1981 年に実施した。そして、その研究成果を *Ageing and Families: A Social Networks Perspective* として出版した。(以後、この調査を「シドニー調査」と呼ぶ。) その後、オーストラリアでは高齢者の PN に関する調査研究は長い間なされなかった。

　筆者は 2005 年と 2006 年にメルボルン（＝メルボルン大都市圏）を構成する G 市で高齢女性の PN の調査を実施した。(以後、この調査を「メルボルン調査」と呼ぶ。) 本稿では、その高齢女性の PN にはどのような独自の特徴があるかを解明したい。シドニー調査とメルボルン調査では異なった質問が使われているから、両調査のデータを直接比較し、特徴を指摘することはできない。そこで、まず、シドニー調査の結果を要約し、仮説を提起する。次に、メルボルン調査のデータでその仮説を検証する。

　本研究の調査対象者は、1926 年から 1941 年生まれの女性である。こうした女性の世代的な特徴を指摘しておきたい。彼女たちの多くが結婚や出産をしたのは第 2 次世界大戦直後から 1970 年頃であるが、その頃は次のような時代であった。第 2 次世界大戦後から 1973 年まで、ロング・ブームと呼ばれる好景気の時代が続いた。この好景気を背景にして、第 2 次世界大戦後に結婚ブームが始まった。大部分の女性は結婚し、多くの子どもを産んだので、調査対象者である大部分の女性には多くの子どもがいる。

2.　仮説の提起

　社会学者は、社会的分業の発展が都市住民の社会関係にどのような影響を及ぼしているのかという問題に関心を寄せ、さまざまな見解を表明してきた。Wellman (1979) はその問題を「コミュニティ問題」と呼び、さまざまな見解を「コミュニティ喪失論」、「コミュニティ存続論」、「コミュニティ解放論」の 3 つに要約した。

　社会的分業の進展によって、地域社会における親族や近隣者との強固な結びつきが崩壊し、都市の住民は社会的に孤立してしまったというのが、コミュニティ喪失論である。これに対し、都市の住民が親族や近隣者と親密な社会関係を依然として取り結んでいるというの

が、コミュニティ存続論である。コミュニティ解放論というのは、次のような見解である。地域社会における親族や近隣者との強固な結びつきは確かに崩壊している。その代わりに、都市の住民は地域社会を越えたさまざまな場所で友人関係を取り結んでいるから、そのＰＮは分散的で密度の低い形態となっている。職場と住居の分離、高い人口移動率、安価な交通・通信手段の発達、交流を促進する施設の存在などによって、住民のＰＮがそのような形態となっているという。

　Wellman はトロント郊外のイーストヨークの住民を調査し、3つの見解の妥当性を検証した。その住民は多くの親族関係を取り結んでいたという点では、存続論に合致していた。ところが、住民は近隣関係をあまり取り結んでおらず、友人関係をその都市のさまざまな場所で分散して取り結んでいた。そこで、Wellman は、全体的に見るならば、住民のＰＮはコミュニティ解放論の見解に最も適合すると結論づけた。欧米でその後に実施された調査でも、同じような結果であった（例えば、Fischer 1982）。

　これに対し、都市に居住する高齢者のＰＮは主に親族関係から構成されていることが従来の調査で明らかになっている。このことを初めて指摘したのは、おそらく Townsend(1957) であろう。彼は1954年から55年にかけて東ロンドンにある労働者階級の住宅地区に居住する高齢者の家族を調査し、次のことを明らかにした。多くの高齢者は単身あるいは夫婦のみで暮らしていたけれども、高齢者は近くに居住する親族と親密に交流し、生活の多くの側面でそうした親族に助けてもらっていた。そして、大部分の高齢者には、少なくとも1人の子どもが1マイル（＝1.6キロ）以内にいたことは注目に値する。そうした子どもたちは頻繁に両親の家を訪問し、両親と交流していた。つまり、タウンゼントは、高齢者のＰＮがコミュニティ存続論の見解に近いものであることを指摘したといえる。欧米でその後に実施された調査（例えば、Shanas 1979）のみならずシドニー調査でも、同じような結果であった。

　都市に居住する高齢者がそのような PN を取り結んでいたのには、次のような理由があると考えられる。まず、高齢者の配偶者、きょうだい、友人、親密な近隣者は同年代であることが多い。そうした人々が次々と死亡することで、高齢者は社会関係を失ってゆく。次に、加齢に伴って身体的活動能力が衰えることによって、高齢者はそれまでに築き上げた社会関係を維持できなくなる。近親者との社会関係は永続性が強いから (Litwak & Szelenyi 1969)、そうした社会関係を失うことはあまりない。高齢期に失われやすい社会関係は、友人関係である (Mugford & Kendig 1986: 45)。また、身体的活動能力の衰退によって、高齢者は遠方に住む相手と交際できにくくなり、そうした相手との社会関係を減らす。それから、定年退職によって職業生活から引退すると、職場仲間関係を失う。こうしたことから、高齢者の PN は親族関係が中心となり、その地理的分布は狭域的となると考えられる。

　シドニー調査では、社会関係を取り結ぶ相手の65.7％が同居家族か（別居している）親族で、30.0％が友人、4.3％が近隣者であった。そして、13％が同一世帯で一緒に暮らす相手との関係であった (Mugford & Kendig 1986: 43)。同じ世帯で暮らす相手の中に非血縁者が少しはいるかもしれないが、同じ世帯で暮らす人のほとんどとは血縁関係や姻戚関係にある同居家族であると考えられる。したがって、シドニーに住む高齢者の PN は半数以上が親族関係から構成されており、親族関係が中心であったことになる。ただし、Kendig らは、親

族関係を取り結ぶ相手がどこに住んでいるかを示していない。

　オーストラリアでは、高齢者が子ども（夫婦）と同居することは一般的ではない。オーストラリアの高齢者は自力で暮らすことを大切にするとともに、親族と距離をおいた親密さを保とうとする。こうした価値観から、オーストラリアの高齢者が子どもと同居することは日本ほど多くない。子ども夫婦と同居することはあまりなく、あっても高齢者の晩年の一時期にするだけである。自立性を大切にし、親しい相手とも距離をおくという価値観を持ちながらも、同時に、高齢者は事故や病気などのときに支援をすぐに受けられるかどうかも勘案して生活せざるをえない。安心して暮らすために、年齢が高くなったり、障害を負ったりすると、高齢者は子どもと同居するようになる (Rowland 1986: 26-7)。

　産業社会では、高齢者は子ども（夫婦）と別の世帯で暮らすことが一般的となる。だからといって、Parsons(1949) の「孤立核家族」論が唱えるように、高齢者と子ども（夫婦）の世帯は孤立しているのではない。両者は頻繁に交流し、物心両面にわたって助け合う。Litwak(1960) はそのような親族関係を「修正拡大家族」と呼んだ。

　高齢者が別居子と関係を持ち、さまざまな種類のサポートを入手していることは、シドニー調査の結果でもうかがい知ることができる。この調査によれば、回答者が取り結ぶすべての社会関係の中で、子どもとの社会関係が26.5％であり、子どもの配偶者との社会関係が5.8％であった。このように、子どもやその配偶者との社会関係は約3分の1であり、すべての社会関係の中で大きな割合を占めている (Mugford & Kendig 1986: 43)。これらの数値には、別居する子どもやその配偶者との社会関係だけでなく、同居する子どもやその配偶者との社会関係も含まれているから、回答者は別居する子どもやその配偶者と多くの関係を持っているといえないかもしれない。しかし、すべての回答者の中で、結婚していない子どもと同居する回答者は3％、子どもの家族と同居する回答者は5％にすぎなかった。子どもや子どもの家族と同居する回答者はこのように少ないから、子どもやその配偶者との社会関係はそのほとんどが別居する子どもやその配偶者であったと考えられる。次に、同居家族や別居している親族の中で、同居あるいは別居の子どもは配偶者に次いで有力なサポート源であったが、手段的サポートの提供でとくに重要な役割を演じていた (Kendig 1986: 87-99)。

　高齢者と別居する子どもとの交流やその間でのサポートの授受を検討するには、子どもがどこに居住しているかを見ておくことが必要である。高齢者の子どもの居住場所に関して、シドニー調査の知見を要約しておきたい。オーストラリアでは、他の州に移動することはそれほど多くなく、州の大部分の住民は州都に居住しているので、移動といっても、住民は州都の中で近距離を移動することが多い。このこともあって、子どもがその老親の住宅の近くにしばしば居住している。シドニー調査では、子どもと同居している、あるいは、少なくとも1人の子どもが8キロ以内にいる高齢者は55％であった。そして、シドニーに少なくとも1人の子どもがいる高齢者は88％にのぼった (Rowland 1986: 29-30)。

　オーストラリアはかつてイギリスとアイルランドからの移民を受け入れていたが、第2次世界大戦後その他の国々からも移民を受け入れるようになった。そこで、今日では、非英語圏の国々からの移民である高齢者がいる。そうした高齢者は子どもと同居していることが多い。シドニー調査では、75歳以上のオーストラリア生まれの高齢者は13％が子どもと同居

◆論　文

していたのに対し、その割合は北欧や東欧からの移民の高齢者で3倍、南欧からの移民の高齢者では4倍高かった。非英語圏の国々からの移民である高齢者が子どもと同居することが多いのは、出身国の文化的影響からではない。そうした高齢者のほとんどは子どもとの別居を希望していた。にもかかわらず、子どもと同居していたのは、そうした高齢者が経済的に貧しいからであった。さらに、別の理由もあった。非英語圏の国々からの移民女性はしばしば英語を夫に頼って暮らしている。高齢期に夫が死亡すると、そうした女性はたちまち英語で困って生活できなくなるので、子どもと同居せざるをえなかった (Rowland 1986: 33-5)。

　ソーシャル・サポートについては、次のようなことを予想できる。シドニー調査では、子どもと同居する高齢者は少なかったけれど、近くに子どもが居住している高齢者は多かった。メルボルンでも、高齢者の子どもの居住場所について同じような傾向があると考えられる。子どもは重要なサポート提供者ではあるけれど、子どもと同居する高齢者はもともと少ないから、同居家族は高齢者にとってそれほど重要なサポート源ではないであろう。他方、多くの高齢者には、近くに住む子どもがいる。こうした子どもからの支援のために、同居家族よりも親族がより有力なサポート源となっていると考えられる。さて、子どものような近親者とは情緒的に強く結びついており、その関係を保有しようとする規範的拘束力が強いから、近親者は負担の重い手段的サポートの提供に適している (Litwak & Szelenyi 1969)。そのために、親族がとりわけ負担の重い手段的サポートの主要な源泉となっているであろう。

　以上の議論から、次の4つの仮説を提起できる。
（仮説1）高齢者のPNは主に親族関係から構成されており、地理的分布は狭域的である。
（仮説2）高齢者が子どもと同居することはあまりない。しかし、少なくとも1人の子どもがたいてい高齢者の近くに住んでいる。
（仮説3）非英語圏からの移民である高齢者は子どもと同居していることが多い。こうして、そうした高齢者はオーストラリア社会に適応している。
（仮説4）高齢者にとって親族が有力なサポート源であるが、負担の重い手段的サポートではとくにそうである。

3. 調査の概要

3.1　調査地の概要

　G市は、都心から約7キロ離れた郊外にある。面積は38.7平方キロである。主に中産階級の住民が住んでいる。2001年のセンサスによれば、G市の人口は119,312人であり、65歳以上の高齢者の割合は16.7％であった。そして、同市に住む65歳以上80歳未満の女性の人口は7,914人であった。「サバーブ」というのは伝統的にまとまりのある、だいたい2キロ・メートルから3キロ・メートル四方の地域である。1つの地方自治体は複数のサバーブから構成されているが、G市は15のサバーブから構成されている。

3.2　調査方法

　オーストラリアでは、日本の住民基本台帳や選挙人名簿のような住民の名簿は公開されて

いないので、65歳から80歳未満の女性の名簿を作成し、この名簿から無作為抽出をすることができなかった。代わりに、次のような方法で調査対象者を選んだ。センサスで結果が公表される最小の地域は Collection District(CD) である。2001年のセンサスでは、1つのCDは平均225世帯からなっている。G市には231のCDがあるが、40のCDを系統抽出法で選んだ。使うことができる調査費から、400件の面接調査を実施できることが分かった。2001年のセンサスのデータから、それぞれのCDにいる65歳から79歳の女性の人数が分かる。その女性の人数に比例するように、選び出したそれぞれのCDで調査する高齢女性の人数を決めた。2世帯ごとに調査依頼状を投函し、数日後、調査員はこれらの世帯を訪問し、調査を口頭で依頼した。調査対象年齢の女性がおり、その女性が調査に同意した場合に、個別面接調査を実施した。調査対象の年齢の女性が1つの世帯に複数いる場合には、いずれか1人の女性を調査した。調査が決められた件数に達したら、そのCDでの調査をやめた。G市には老人ホームのような高齢者用の施設があったけれど、選んだCDには高齢者用の施設はなかった。そこで、調査対象者はすべて自宅に住む高齢女性である。そのほとんどは一戸建ての住宅か長屋形式の住宅 (flat) に居住していた。2005年と2006年の7月と8月に調査を実施した。なお、モナシュ大学の倫理委員会の審査を受けて調査を実施した。400件の面接調査を実施したが、そのうちの2つの調査票には回答拒否が多いので、分析から除外した。そこで、398人のデータを分析することになった。

3.3　調査項目

　女性が取り結ぶ社会関係を測定するため、①回答者が入院した場合の世話、②200～300ドル（14,000～21,000円）の借金、③仕事上の話と相談、④心配事の相談、⑤失望や落胆をしているときの慰め、⑥留守のときの家の世話、⑦些細な物やサービスの入手、⑧交遊、といった8つの日常生活の状況で、サポートを仰いだり、交際したりする相手の名前を尋ねた。①から⑦までの質問についてはサポートを入手できる可能性にもとづいて、⑧の質問だけは3ヶ月以内に交遊したという事実にもとづいて名前をあげてもらった。また、①から⑤までの質問では同居する家族構成員を含めて相手の名前をあげてもらい、⑥から⑧までの質問では、同居する家族構成員を除いて相手の名前をあげてもらった。それと、③の質問は就労している回答者にのみ尋ねた。

　古谷野ら (1995) は、ソーシャル・サポートを手段的サポート、情緒的サポート、同伴行動の3種類に分けた。これに従って、本調査のソーシャル・サポートの項目を分類すれば、①回答者が入院した場合の世話、②200～300ドルの借金、⑥留守のときの家の世話、⑦些細な物やサービスの入手の4つが手段的サポート、③仕事上の話と相談、④心配事の相談、⑤失望や落胆をしているときの慰めの3つが情緒的サポートにあたる。⑧交遊には同伴行動だけでなく、電話での交際も含まれているが、同伴行動にほぼ相当すると考えてよいだろう。また、手段的サポートを負担の軽重で分けると、①回答者が入院した場合の世話と②200～300ドルの借金の2つが負担の重いサポート、⑥留守のときの家の世話と⑦些細な物やサービスの入手の2つが負担の軽いサポートとなる。

　回答者がそれら8つの質問で相手の名前をあげたとき、その人と社会関係を取り結んで

◆論　文

表1　回答者の家族構成

家族構成	人数(人)	%
本人のみ	146	36.7
夫婦のみ	181	45.5
本人＋子ども	26	6.5
夫婦＋子ども	25	6.3
本人＋子どもの家族	3	0.8
夫婦＋子どもの家族	3	0.8
その他	14	3.5
	398	100

いると定義する。回答者が8つの質問で同一の人を何回もあげることがあるが、そうした相手は1人と数える。こうしてあげられた相手それぞれについて、間柄と居住場所を尋ねた。あげられた人は間柄によって、①同居家族、②（同居家族外の）親族、③近隣者、④友人、⑤職場仲間（上司や同僚）の5つに分けた。それぞれに該当する人の人数を計算して、同居家族関係数、親族関係数、近隣関係数、友人関係数、職場仲間関係数を求めた。さらに、これらの社会関係数を合計して、PNの規模（＝社会関係の総数）を算出した。居住場所は、①歩いて15分以内の地域（以下では「近隣地域」と呼ぶ）、②（近隣地域を除外した）サバーブ、③（近隣地域とサバーブを除外した）5キロ以内のメルボルン、④5キロ以遠のメルボルン、⑤（メルボルンを除外した）ビクトリア州、⑥（ビクトリア州を除外した）オーストラリア、⑦外国の7つに分類した。

　回答者の属性は次の通りである。回答者の平均年齢は72.3歳（標準偏差、4.9）である。回答者の家族構成を表1に示す。回答者の52.8％には夫がいた。子どもと同居する回答者の割合は15.1％である。そのほとんどは結婚していない子どもとの同居であり、子ども夫婦と同居する回答者は1.5％と極めて少ない。就労者は7.0％である。

4.　結果

4.1　パーソナル・ネットワークの構造

　表2は、回答者の間柄別・居住場所別の社会関係数を示している。回答者はPNの構成員として同居家族を平均0.64人あげ、家族外の相手を平均7.92人あげた。同居家族を除いて、社会関係数の間柄別構成を見ると、①親族関係、②友人関係、③近隣関係、④職場仲間関係の順で社会関係数が少なくなっている。親族関係と友人関係がとくに多く、両者だけで家族外の社会関係の87.0％を占めている。次に、同居家族以外の社会関係の地理的分布を見ると、回答者はメルボルンの外であまり社会関係を取り結んでいないことが分かる。回答者

表2　パーソナル・ネットワークの構造

	近隣地域		サバーブ		5キロ以内のメルボルン		5キロ以遠のメルボルン		ビクトリア州		オーストラリア		外国		合計	
	平均	標準偏差	平均	標準偏差	平均	標準偏差	平均	標準偏差	平均	標準偏差	平均	標準偏差	平均	標準偏差	平均	標準偏差
同居家族	‒	‒	‒	‒	‒	‒	‒	‒	‒	‒	‒	‒	‒	‒	0.64	0.65
親族	0.25	0.71	0.19	0.57	0.93	1.35	1.77	1.80	0.35	0.80	0.19	0.50	0.11	0.54	3.79	2.47
近隣者	0.93	1.08	0.02	0.14	0.02	0.12	--	--	--	--	--	--	--	--	0.97	1.08
友人	0.30	0.68	0.39	0.81	0.98	1.39	1.25	1.57	0.12	0.42	0.05	0.25	0.02	0.12	3.10	2.46
職場仲間	0	‒	0	‒	0.02	0.15	0.03	0.19	0.00	0.05	‒	‒	‒	‒	0.05	0.29
合計	1.48	1.39	0.61	1.07	1.94	2.14	3.05	2.43	0.48	0.94	0.24	0.58	0.13	0.57	8.56	3.76

は、家族外の社会関係の89.5％をメルボルンの内部（近隣地域、サバーブ、5キロ以内のメルボルン、5キロ以遠のメルボルン）で保有している。メルボルンの内部では、①5キロ以遠のメルボルン、②5キロ以内のメルボルン、③近隣地域、④サバーブの順で社会関係が少なくなっている。さらに、近隣地域、サバーブ、5キロ以内のメルボルンの親族関係数を合計して5キロ圏内の親族関係数を計算したところ、その平均は1.37（標準偏差、1.54）であった。

4.2　出身地別に見るパーソナル・ネットワークの構造

回答者のPNの構造と流動性との関連を見るために、出身地（＝10代をすごした場所）別に回答者の間柄別・居住場所別の平均社会関係数を集計した。出身地は、①メルボルン、②メルボルン以外のオーストラリア（以下では、「オーストラリアの他地域」と呼ぶ）、③英語圏の外国、④非英語圏の外国に4分した。その集計結果が表3である。表3から、次の2点を読み取ることができる。

第1に、非英語圏の外国出身者は、近隣関係や友人関係が少なく、PNの規模が小さいことである。そうした回答者は平均0.57の近隣関係と平均2.33の友人関係を取り結んでいた。そして、PNの規模は平均で6.92であった。これに対し、その他の回答者は平均で約1の近隣関係と平均で3以上の友人関係を保有していた。その他の回答者の中で、PNの規模が最も小さかったのは英語圏の外国出身者であったが、その平均でも8.70であった。

第2に、親族関係数の地理的分布が回答者の出身地によって違いが見られることである。表3では、近隣地域、サバーブ、5キロ以内のメルボルンの親族関係数は4群の間で有意差がない。しかし、非英語圏の外国出身者は近くで多くの親族関係を取り結んでいる傾向が見られる。そこで、5キロ圏内の親族関係数の平均を出身地別に計算した。その平均は、メルボルン出身者が1.28（標準偏差、1.53）、オーストラリアの他地域出身者が1.22（標準偏差、1.68）、英語圏の外国出身者が1.06（標準偏差、1.66）、非英語圏の外国出身者が1.83（標準偏差、1.42）である。一元配置の分散分析をおこなったところ、5％水準で有意であった。そして、非英語圏の外国出身者は5キロ圏内で多くの親族関係を保有していた。一方で、5キロ以遠のメルボルンとビクトリア州の親族関係数は4群の間で有意差が見られ、非英語圏の外国出身者が両方の居住場所で取り結ぶ親族関係は少ない。それから、当然のことであるが、外国の親族関係数は4群の間で有意差があり、英語圏の外国と非英語圏の外国出身者は外国で多くの親族関係を取り結んでいる。

4.3　子どもの居住場所

回答者398人は平均3.79の親族関係を取り結んでいた。親族関係のなかで回答者の子どもとその配偶者が占める割合は61.1％であり、大きな割合を占めている．親族関係の地理的分布を探るために，回答者の子どもがどこに住んでいるかを見ておく。表4は，出身地別に回答者の子どもがそれぞれの居住場所に平均して何人いるかを示している．この表では，回答者が子どもと社会関係を取り結んでいる・いないにかかわらず，すべての子どもがどこに住んでいるかを示している．表4から，次の3点を読み取ることができる．

◆論　文

表3　10代をすごした場所別に見るパーソナル・ネットワークの構造

	近隣地域		サバーブ		5キロ以内のメルボルン		5キロ以遠のメルボルン		ビクトリア州		オーストラリア		外国		合計	
	平均	標準偏差	平均	標準偏差	平均	標準偏差	平均	標準偏差	平均	標準偏差	平均	標準偏差	平均	標準偏差	平均	標準偏差
（メルボルン, 245人）																
同居家族	0.20	0.70	-	-	-	-	-	-	-	-	-	-	-	-	0.63	0.59
親族	1.06	1.07 **a	0.18	0.55	0.90	1.34	1.98	1.81	0.46	0.87 **a	0.21	0.55	0.04	0.19 **a	3.96	2.48 **a
近隣者	0.29	0.63	0.02	0.13 *a	0.01	0.09	-	-	0.13	0.42 *	0.06	0.27	0.01	0.11	0.97	1.08 *a
友人	0	-	0.42	0.84	1.00	1.31	1.35	1.61 *a	0.00	0.06	-	-	-	-	3.27	2.44 *a
職場仲間	0	-	0.01	0.13	0.02	0.18	0.03	0.22	-	-	-	-	-	-	0.07	0.35
合計	1.54	1.34	0.63	1.13	1.93	1.95	3.36	2.44 **a	0.59	0.98 **a	0.27	0.62	0.05	0.22 **a	9.01	3.66 **a
（オーストラリアの他地域, 36人）																
同居家族	-	-	-	-	-	-	-	-	-	-	-	-	-	-	0.53	0.74
親族	0.28	0.61	0.03	0.17	0.92	1.59	1.78	1.62 **	0.47	1.08 **a	0.25	0.55	0.11	0.32 **	3.83	2.61
近隣者	0.97	1.52 **	0.08	0.28 *b	0.03	0.17	-	-	-	-	-	-	-	-	1.08	1.52 *a
友人	0.28	0.74	0.33	0.83	1.14	1.78	1.50	2.09 *	0.28	0.66 *a	0.08	0.28	0.06	0.23	3.67	3.14 *a
職場仲間	0	-	0	-	0.08	0.28	0	-	-	-	-	-	-	-	0.08	0.28
合計	1.53	1.59	0.44	0.84	2.11	3.03	3.33	2.78 **a	0.75	1.36 **a	0.33	0.72	0.17	0.45 **	9.19	4.82 **a
（英語圏の外国, 33人）																
同居家族	-	-	-	-	-	-	-	-	-	-	-	-	-	-	0.52	0.51
親族	0.18	0.46	0.18	0.58	0.70	1.21	2.15	2.09 **a	0.27	0.57	0.15	0.51	0.33	0.78 **b	3.97	2.74
近隣者	0.94	0.86 **	0	-	0.03	0.17	-	-	-	-	-	-	-	-	0.97	0.88
友人	0.21	0.55	0.27	0.57	1.06	1.30	1.45	1.62 *	0.18	0.53 *	0.03	0.17	0.03	0.17	3.24	2.37 *
職場仲間	0	-	0	-	0	-	0	-	-	-	-	-	-	-	0	-
合計	1.33	0.92	0.45	0.83	1.79	1.82	3.61	2.76 **a	0.45	0.79 **	0.18	0.53	0.36	0.70 **b	8.70	3.44 **a
（非英語圏の外国, 84人）																
同居家族	-	-	-	-	-	-	-	-	-	-	-	-	-	-	0.77	0.81
親族	0.42	0.84	0.30	0.69	1.12	1.32	1.04	1.50 **b	0.02	0.15 **b	0.10	0.30	0.25	0.99 **b	3.24	2.24
近隣者	0.54	0.88 **b	0.01	0.11	0.02	0.15	-	-	-	-	-	-	-	-	0.57	0.92 **b
友人	0.37	0.83	0.36	0.80	0.81	1.46	0.76	1.04 *b	0.01	0.11 *b	0.02	0.15	-	-	2.33	2.03 *b
職場仲間	0	-	0	-	0	-	0	-	-	-	-	-	-	-	0	-
合計	1.32	1.57	0.67	1.03	1.95	2.33	1.80	1.57 **b	0.04	0.24 **b	0.12	0.33	0.25	0.99 **b	6.92	3.22 **b

（注）4群の差の検定は、1要因の分散分析にもとづく。** $p < .01$、* $p < .05$。4群の差の比較は、チューキーの方法の下位検定による。異なるアルファベット間で群間で差が5％水準で有意。例えば、5キロ以遠のメルボルンの親族関係数は、メルボルン出身者と非英語圏の外国出身者との間で、有意差がある。

表4　10代をすごした居住場所別に見る、それぞれの場所にいる子どもの平均人数

(単位：人)

10代をすごした場所	メルボルン		オーストラリア他地域		英語圏の外国		非英語圏の外国		全体	
	平均	標準偏差	平均	標準偏差	平均	標準偏差	平均	標準偏差	平均	標準偏差
子どもの居住場所										
同居	0.14	0.36 **a	0.11	0.40 **a	0.03	0.17 **a	0.33	0.65 **b	0.17	0.44
近隣地域	0.09	0.31 *a	0.11	0.32 *	0.15	0.44 *	0.23	0.48 *b	0.12	0.37
サバーブ	0.09	0.31	0.03	0.17	0.15	0.44	0.19	0.57	0.11	0.39
5キロ以内のメルボルン	0.43	0.68	0.58	0.73	0.39	0.66	0.63	0.77	0.48	0.71
5キロ以遠のメルボルン	1.17	1.13 **a	1.06	1.09 **	1.52	1.25 **a	0.57	0.80 **b	1.06	1.10
ビクトリア州	0.28	0.52 *a	0.28	0.61 *a	0.21	0.48 *	0.01	0.11 *b	0.22	0.49
オーストラリア	0.28	0.52 *a	0.31	0.67 *a	0.12	0.33 *	0.05	0.21 *b	0.22	0.48
外国	0.09	0.28 *a	0.19	0.47 *	0.27	0.57 *b	0.13	0.34	0.12	0.35
合計	2.56	1.47	2.67	1.55	2.85	1.72	2.14	0.97	2.50	1.42

(注) 4群の差の検定は、1要因の分散分析にもとづく。** $p < .01$, * $p < .05$。4群の差の比較は、チューキーの方法の下位検定による。異なるアルファベット間で群間差が5％水準で有意。

　第1に、全体を見ると、同居している子どもは少ないが、5キロ圏内に別居子が比較的多くいることである。数値をあげると、回答者1人あたり、同居している子どもは平均0.17人であり、5キロ圏内の別居子は平均0.71人である。

　複数の子どもが近くに住んでいる高齢女性もいるから、表4の集計では、近くに子どもがいる高齢女性の割合はどのくらいであるかが必ずしも明らかではない。そこで、最も近くにいる子どもの居住場所によって、回答者を集計した。子どものいる回答者364人について、そうした集計をしたところ、同居が16.2％、近隣地域が11.3％、サバーブが8.5％、5キロ以内のメルボルンが29.4％、5キロ以遠のメルボルンが33.0％、ビクトリア州が1.1％、オーストラリアが0.3％であった。したがって、同居子のいるあるいは5キロ圏内に少なくとも1人の別居子のいる回答者の割合は、65.4％となる。

　第2に、非英語圏の外国出身者には、同居子や近隣地域の別居子が多いのに対し、5キロ以遠のメルボルンやビクトリア州の別居子が少ないことである。非英語圏の外国出身者には、同居子が平均0.35人、近隣地域の別居子が平均0.23人いる。これらの人数はその他の回答者があげた対応する子どもの人数よりも多い。一方で、非英語圏の外国出身者には、5キロ以遠のメルボルンの別居子が平均0.57人、ビクトリア州の別居子が平均0.01人だけである。これらの人数はその他の回答者があげた対応する子どもの人数よりも少ない。このように、回答者のなかでも、非英語圏の外国出身者には、同居子がいたり、近くに別居子が居住していたりする傾向がある。

　非英語圏の外国出身者にはその他の回答者ほど子どもが多くいなかったから、5キロ圏内の別居子の人数が同居子を含めたすべての子どもの人数に占める割合を計算した。その割合は、メルボルン出身者で23.8％、オーストラリアの他地域出身者で28.1％、英語圏の外国出身者で24.2％であったのに対し、非英語圏の外国出身者で49.1％である。非英語圏の外国出身者は、49％の子どもが5キロ圏内に固まって住んでいたことが注目される。

　最も近くにいる子どもの居住場所によっても、回答者を集計した。子どものいる非英語

◆論　文

表5　ソーシャル・サポートを期待できる回答者の割合

(単位：%)

	入院時の世話	借金	仕事上の話と相談	心配事の相談	慰め	留守時の家の世話	物・サービスの入手	交遊
同居家族	45.2	21.6	0.8	24.4	24.9	-	-	-
親族	57.5	66.1	1.0	55.3	47.5	33.4	60.1	80.7
近隣者	4.8	4.3	0.3	5.3	3.8	56.5	4.8	17.1
友人	9.3	8.3	1.5	43.0	35.2	12.3	7.8	84.7
職場仲間	0	0	2.8	0.8	0.5	0	0	1.0
いずれかの相手	83.9	85.2	5.5	91.0	82.4	89.7	67.3	98.5

圏の外国出身者は79人いたが、その79人について集計すると、同居が27.8％、近隣地域が20.3％、サバーブが10.1％、5キロ以内のメルボルンが29.1％、5キロ以遠のメルボルンが10.1％、ビクトリア州が0％、オーストラリアが1.3％となる。子どもと同居している、あるいは、5キロ圏内に少なくとも1人の別居子のいる回答者の割合は87.3％にのぼる。

第3に、英語圏の外国出身者には、外国に別居子が多いことである。全体を見ると外国にいる子どもの平均人数は0.12と少ないが、英語圏の外国出身者では0.27と相対的に多い。

4.4　ソーシャル・サポート

表5は、8つの各状況で、それぞれの間柄の相手にサポートを期待できる回答者の割合を示している。そして、その最下欄の数値は、それぞれの状況でいずれかの相手にサポートを期待できる回答者の割合である。表5から、次の2点を読み取ることができる。

第1に、「仕事上の話と相談」、「留守時の家の世話」、「交遊」を除けば、親族が最も有力なサポート源であることである。就労している回答者が少ないので、親族に「仕事上の話と相談」ができる回答者の割合は低い。そして、「留守時の家の世話」を期待できる割合は近隣者が最も高い。回答者が「交遊」した割合が最も高い間柄の相手は友人である（84.7％）けれど、その割合は親族と「交遊」した割合(80.7％)とほぼ同じである。これら3つの状況を除けば、親族にサポートを期待できる割合が最も高い。

第2に、「仕事上の相談」や「些細な物・サービスの入手」を除けば、大部分の高齢女性はサポートをいずれかの相手に期待できることである。就業している回答者が少ないので、いずれかの相手に「仕事上の話と相談」ができる回答者の割合は小さい。また、「些細な物・サービスの入手」をいずれかの相手に期待できる回答者の割合は67.3％である。この2つの状況を除けば、いずれかの相手にサポートを期待できる割合は80％を超えている。

5.　考察

5.1　パーソナル・ネットワークの構造

仮説1は、次のようであった。高齢者のPNは主に親族関係から構成されており、地理的分布は狭域的である。この仮説を検証する。

まず、間柄別構成を検討する。高齢女性は、平均すると3.79の親族関係、0.97の近隣関係、

3.10の友人関係、0.05の職場仲間関係を取り結んでいた。同居家族外の社会関係の中に占める割合は、親族関係が48.1％、近隣関係が12.3％、友人関係が39.0％、職場仲間関係が0.6％である。これらの数値から、メルボルンの高齢女性のPNは親族関係中心であることが分かる。

　先述した野邊 (1995) によるメルボルンに住む壮年期までの女性の調査と本研究の調査とは、メルボルンの中でも調査地が異なる上に、調査を実施した年も相違しているから、比較には慎重を期さねばならない。このことを留意したうえで、あえて結果を比較したい。メルボルンの壮年期までの女性は、平均で1.25の同居家族関係、3.29の親族関係、0.96の近隣関係、5.11の友人関係、0.55の職場仲間関係を取り結んでいた。両調査の数値を比較すると、高齢女性は友人関係を大きく減らしていることが分かる。したがって、老年期に友人関係を失いやすいという Mugford & Kendig (1986) による指摘は、正鵠を射ていることになる[1]。

　次に、親族関係と友人関係の地理的分布を検討したい。メルボルンの女性では、親族関係と友人関係を取り結ぶ相手がメルボルンの内部に居住している割合はそれぞれ82.9％と94.2％である。このように、メルボルンに住む高齢女性の親族関係と友人関係はメルボルンの内部に累積していた。メルボルンを5キロ以内と5キロ以遠に2分した場合、メルボルン内部では、高齢女性は5キロ以遠で最も多くの親族関係と友人関係を保有していた。

　メルボルンに住む壮年期までの女性の調査（野邊 2015）でも、女性はメルボルンの内部で大部分の社会関係を保有していた。そして、親族関係と友人関係を取り結ぶ相手が10キロ圏内に居住している割合はそれぞれ62.0％と84.5％であった。この区分に合わせて、本調査のデータを再集計することにした。親族関係と友人関係を取り結ぶ相手が10キロ圏内に居住している割合を集計し直したところ、それぞれ50.9％と72.6％であった。この数値から、メルボルンの高齢女性の友人関係は10キロ圏内に集中し、狭域的であることを知ることができる。両調査の結果を比較すると、壮年期までの女性の方が高齢女性よりも10キロ圏内で親族関係と友人関係を取り結んでいることが分かる。高齢女性の友人関係は10キロ圏内に集中していたが、壮年期までの女性の友人関係は10キロ圏内によりいっそう集中している。友人関係が狭域的であるということは、高齢女性だけでなく壮年期までの女性にも当てはまる特徴なのである。

　以上の考察を踏まえて、仮説1を検討する。高齢女性のPNは親族関係が中心である点で、仮説1は支持される。高齢女性はメルボルンの内部で大部分の社会関係を保有し、約4分の3の友人関係を10キロ圏内で取り結んでいた。高齢女性のPNは狭域的ではあるけれど、壮年期までの女性と比べてそうであるとはいえない。

5.2　子どもの居住場所

　仮説2は、次のようであった。高齢者が子どもと同居することはあまりない。しかし、少なくとも1人の子どもがたいてい高齢者の近くに住んでいる。この仮説を検討する。

　高齢女性のうち、子どもと同居する高齢女性の割合は16.2％であった。そして、同居している子どもの平均人数は高齢女性1人当たり0.17人であり、5キロ圏内に別居している子どもの平均人数は0.71人である。また、子どものいる高齢女性だけに限ると、子どもと同居

する高齢女性の割合は16.2％であり、同居子はおらず、5キロ圏内に少なくとも1人の別居子がいる高齢女性の割合は48.2％であった。これらの数字から、高齢女性は子どもとあまり同居していないが、少なくとも1人の子どもが近くに住んでいる高齢女性が多いことが分かる。子どもと同居する高齢女性の割合は低く、近くに別居子がいる高齢女性の割合が高かったことから、仮説2は全面的に支持される。

シドニー調査の結果と比較する。本調査では、子どもがいるメルボルンの高齢女性のうち、子どもと同居している、あるいは、5キロ圏内に別居子が少なくとも1人いる高齢女性の割合は、65.4％であった。そして、メルボルンに少なくとも1人の子どもがいる高齢女性の割合は、98.4％であった。これに対し、シドニー調査では、子どもと同居している、あるいは、少なくとも1人の別居子が8キロ圏内にいる高齢者の割合は55％であった。そして、シドニーに少なくとも1人の子どもがいる高齢者の割合は88％であった。そうすると、メルボルンの高齢女性にはシドニー調査の高齢者よりも、同居子あるいは近くに居住する別居子がいたということになる。

5.3　非英語圏の外国出身者

仮説3は、次のようであった。非英語圏からの移民である高齢者は子どもと同居していることが多い。これによって、そうした高齢者はオーストラリア社会に適応している。この仮説を検証する。

子どもと同居する高齢女性は非英語圏の外国出身者に集中しており、そうした高齢女性の27.4％が子どもと同居していた。同居率は非英語圏の外国出身者の方がその他の高齢女性よりも高いから、仮説3は支持される。ただし、非英語圏の外国出身者は子どもとの同居率だけでなく、PNの構造も特異であった。

まず、4群の高齢女性の間に親族関係数で有意差はなかったけれど、その地理的分布で違いが見られた。非英語圏の外国出身者は5キロ圏内で多くの親族関係を保有していたが、他方で5キロ以遠のメルボルンやビクトリア州といった遠方で取り結ぶ親族関係は少なかった。その原因を探るために、子どもの居住場所を検討した。近隣地域に住む子どもが、非英語圏の外国出身者には多くいた。さらに、非英語圏の外国出身者の子どもたちは母親である高齢女性の住宅の近くに固まって居住していた。そのため、非英語圏の外国出身者は近くで多くの親族関係を取り結ぶ一方、遠方では親族関係をあまり保有していなかったのである。

次に、近隣関係数と友人関係数で違いがあった。オーストラリアの他地域出身者や英語圏の外国出身者はメルボルン出身者と同じくらい近隣関係や友人関係を保有していた。ところが、非英語圏の外国出身者はそうした高齢女性ほど近隣関係や友人関係を持っていなかった。

これらの結果は、次のように解釈できる。英語力が貧弱であったり、文化的な違いがあったりしたから、非英語圏の外国出身者はオーストラリアで近隣関係や友人関係をその他の高齢女性ほど形成できなかった。非英語圏の外国出身者はそれを補うために、高齢女性は子どもと同居したり、子どもたちが母親である高齢女性の住宅の近くに集まって住んだりしていた。こうして、子どもたちは高齢女性の暮らしを支援していたと解釈できる。

非英語圏の外国出身者は子どもと同居していることが多かったから、仮説3は裏づけられる。さらに、本研究は、非英語圏の外国出身者は特異なPNを保持していることも明らかにした。シドニー調査では、非英語圏の外国出身者がどのようなPNを取り結んでいるかについて分析していなかったから、それを解明したことは本稿のオリジナルな知見である。

イギリスやアイルランドなど英語圏の外国からの移民である高齢者がオーストラリアには多い。英語圏の外国出身者は、オーストラリア生まれの高齢女性と子どもとの同居やPNで大きな相違がなかった。このことは、英語圏の外国からオーストラリアへ移民をしても、そこで社会関係を形成し、社会に適応しやすいことを示唆している。

5.4　ソーシャル・サポート

仮説4は、高齢者にとって親族が有力なサポート源であるが、負担の重い手段的サポートではとくにそうであるというものであった。この仮説を検証する。

配偶者や同居子がサポートの提供で大きな働きをするといわれているけれど、同居家族は最も有力なサポート源ではなかった。これは次のような理由からである。本調査では、配偶者のいる高齢女性の割合は53.4％であったが、高齢女性のうち、子どもと同居していた高齢女性の割合は15.1％にすぎなかった。このように、子どもと同居している高齢女性の割合はあまり高くないから、同居家族は親族ほど有力なサポート源とはならなかったのである。

「仕事上の話と相談」、「留守時の家の世話」、「交遊」以外の状況で、親族が最も有力なサポート源となっていた。ただし、親族と「交遊」する高齢女性の割合は80.7％と高かったから、親族があまり有力なサポート源となっていなかったのは、「仕事上の話と相談」と「留守時の家の世話」だけである。近親者は負担の重い手段的サポートの提供に適している(Litwak & Szelenyi 1969)から、親族が負担の重い手段的サポートの主要な源泉となっていた。これは、仮説の予想通りである。さらに、親族は情緒的サポートや負担の軽い手段的サポートの重要な源泉でもあり、多くの高齢女性は親族と「交遊」をしていた。親族関係はそのような支援の課題と適合的とはいえないにもかかわらず、そうしたサポートの主要な源泉でもあった。このように、親族はさまざまな種類のサポートを提供する「百貨店型」の援助源（前田 1999）となっていた。この点で、仮説4は外れている。

ほとんどの状況で親族が有力なサポート源であったのは、次のような理由からである。親族関係を取り結ぶ相手の61.1％は、別居子とその配偶者であった。メルボルンの高齢女性には、5キロ圏内に別居子がいることが多かった。別居子が家の近くに住んでいれば、高齢者はその別居子に負担の重い手段的サポートだけでなくその他の種類のサポートも頼りやすく、そうした別居子と「交遊」しやすい。そこで、「仕事上の話と相談」と「留守時の家の世話」以外のすべての状況で、親族が有力なサポート源となっていたのである。Litwakのいう「修正拡大家族」をかなり典型的な形でここに見ることができる。

さて、「留守時の家の世話」では、近隣者が最も有力なサポート源であった。「留守時の家の世話」には、泥棒が入らないように絶えず家を見守ったり、庭の草木に毎日散水をしたりすることが含まれる。日常的にこうした用務を果たすには、近接性がとても重要である。近くに別居子が住んでいても、向こう三軒両隣のような近くに居住していることはあまりな

い。そこで、近隣者が最も有力なサポート源となったと考えられる[2]。

6. 結論

Kendig らは、1981年にシドニーで高齢者の PN の調査を実施した。筆者は、2005年と2006年にメルボルンの G 市で高齢女性の PN の調査を実施した。本稿の目的は、そのデータを分析することによって、シドニー調査で明らかにされた知見が、四半世紀後のメルボルンでどの程度あてはまるかを明らかにすることであった。分析から、次の4点が判明した。

(1) 同居家族外の社会関係の中に占める親族関係の割合は48.1％であるというように、高齢女性の PN は親族関係が中心であった。そして、高齢女性はメルボルンの内部で大部分の社会関係を保有し、72.6％の友人関係を10キロ圏内で取り結んでいた。

(2) 16.2％の高齢女性が子どもと同居しているだけであったけれど、近くに子どもが住んでいる高齢女性が多くいた。子どものいる高齢女性のうち、子どもと同居している、あるいは、5キロ圏内に別居子が少なくとも1人いる高齢女性の割合は65.4％であった。

(3) 非英語圏の外国出身者の子どもたちは母親である高齢女性と同居したり、その住宅の近くに集まって居住したりする傾向があった。そのため、非英語圏の外国出身である高齢女性は近くで多くの親族関係を取り結ぶ一方、遠方では親族関係をあまり保有していなかった。そして、そうした高齢女性は近隣関係や友人関係をあまり取り結んでいなかった。

(4) 親族はさまざまな種類のサポートを提供する有力な源泉であった。これは、少なくとも1人の子どもが高齢女性の住宅の近くに居住していることが多かったからである。

全体として見ると、高齢女性の PN は、コミュニティ存続論の見解に適合すると判定できる。ただし、メルボルンの高齢女性は、シドニーの高齢者よりも子どもと同居したり、子どもが近くに居住したりしてした。ところで、住民の階級による住み分けが、メルボルンでは顕著である。そして、主に中産階級の住民が住む G 市でメルボルン調査を実施した。これに対し、シドニー調査では、シドニー全体を調査地としていた。また、メルボルン調査の回答者は女性であるのに対し、シドニー調査の回答者は男性と女性であった。そうすると、メルボルン調査とシドニー調査との結果の違いを生んだ要因として、四半世紀における家族制度の変化、回答者の階級における違い、回答者の性別の違いといったことが考えられる。けれども、メルボルン調査のデータの分析からではどの要因が働いていたかを究明できない。

注
(1) Van Groenou & Van Tilburg(2003) によれば、友人関係を喪失しやすいのは社会経済的地位の低い高齢者であるという。
(2) 別居子が「近隣地域」にいる回答者48人について、親族に「留守時の家の世話」を期待できる回答者の割合を求めると64.6％となる。この割合から、「留守時の家の世話」では、近接性が重要であることが分かる。

文献

Fischer Claude S., 1982, *To Dwell among Friends: Personal Networks in Town and City,* Chicago: University of Chicago Press.

Kendig, Hal, 1986, "Intergenerational Exchange," Hal L. Kendig ed., *Ageing and Families: A Social Networks Perspective,* Sydney: Allen and Unwin, 85-109.

古谷野亘・岡村清子・安藤孝敏・長谷川万希子・浅川達人・児玉好信 , 1995, 「老親子関係に影響する子ども側の要因——親子のタイを分析単位として——」『老年社会科学』16(2): 136-45.

Litwak, Eugene, 1960, "Geographic Mobility and Extended Family Cohesion," *American Sociological Review,* 25(3): 385-94.

Litwak, Eugene, and Ivan Szelenyi, 1969, "Primary Group Structure and their Functions; Kin, Neighbors, and Friends," *American Sociological Review,* 34(4): 465-481.

前田尚子 , 1999, 「非親族からのソーシャルサポート」折茂肇編集代表『新老年学【第2版】』東京大学出版会 , 1405-13.

Mugford, Stephen, and Hal Kendig, "Social Relations: Networks and Ties," Hal L. Kendig ed., *Ageing and Families: A Social Networks Perspective,* Sydney: Allen and Unwin, 38-59.

野邊政雄 , 2015, 「グリアの"Urbanism Reconsidered"再考——メルボルン郊外に住む女性のパーソナル・ネットワークと集団加入——」,『地域社会学会年報』no. 27: 93-112.

Parsons, Talcott, 1949, "The Social Structure of the Family," Ruth N. Ashen, ed., *The Family: Its Function and Destiny,* New York: Harper.

Rowland, Don T., 1986, "Family Structure," Hal L. Kendig ed., *Ageing and Families: A Social Networks Perspective,* Sydney: Allen and Unwin, 17-37.

Shanas, E., 1979, "Social Myth as Hypothesis: The Case of Family Relations of Old People," *The Gerontologist,* 19(1): 3-9.

Townsend, Peter, 1957, *The Family Life of People: An Inquiry in East London,* London: Routledge & Kegan Paul.

Van Groenou, Marjolein I. and Theo van Tilburg, 2003, "Network Size and Support in Old Age: Differentials by Socio-economic Status in Childhood and Adulthood," *Ageing & Society,* 23: 625-45.

Wellman, B., 1979, "The Community Question: The Intimate Networks of East Yorkers," *American Journal of Sociology,* 84(5): 1201-31.

（本研究は、JSPS 科研費 JP16402027 の助成を受けたものです。）

◆論文

商店街組合におけるコミュニティ形成機能の創出
—— 稲毛あかり祭夜灯を事例に ——

伊藤 雅一

1. はじめに

　千葉県千葉市稲毛区の京成稲毛駅周辺にあるせんげん通り商店街では、毎年11月下旬に新しい祭りの夜灯（よとぼし）が開催されている。2006年から始まった夜灯は正式名称を「稲毛あかり祭夜灯」[1]（以下、夜灯）といい、「夜灯漁」と呼ばれていた、主に新月の晩、遠浅の浜辺にできる潮溜まりの小魚やエビをカンテラ片手に獲る遊びに近い漁の光景にちなんで、小学校や老人会などで描かれた手作りの灯籠[1]を稲毛地域の道や公園に並べる祭りである。同地域で行われてきた、1200年の歴史がある稲毛浅間神社の大祭とは別に、神事や宗教を起源としない新しい祭りとして始められた夜灯は、せんげん通り商店街の管理を担う稲毛商店街振興組合が中心となって組織される夜灯実行委員会によって維持・運営されている。

　商店街組合に関する地域社会学のアプローチとして、それを町内会・自治会等とともに地域集団の一つに位置づけるものがある（例えば、大坪1985: 60）。その位置づけにおいて「商工団体」は市政に影響力のある団体としてみなされる（吉原1990: 431; 似田貝1992）一方で、自治会との関係性は低いという調査結果もある（吉原1990: 422-423）。また、本稿で焦点をあてる商店街組合と祭りとの関係に関連するものとして、自営業者層による地域の祭りの運営や政治課題への積極的な参加（玉野1999, 2005: 69-116）や、新規の地域活動を担う若手自営業者層とは対抗的な立場にある商店街組合のあり様を指摘するものがある（矢部2006）。しかしながら、これまでの地域集団論や祭りに関する地域社会学的研究では、商店街組合そのものを中心に扱った研究は管見の限りみあたらない[2]。

　近年、商店街やそれを運営する商店街組合に関する研究では、商店街の取捨選択が必要であること（久繁2013）や、硬直化した商店街組合が地域活性化の阻害要因となっていること（辻井2013）が挙げられている。その背景として、特定の商品を扱う上での「専門性の欠如」、商店主個人に権益を与える「閉ざされた権益」が指摘されている（新2012）。一方、「まちづくり」や「地域コミュニティの担い手」[3]として商店街の活動を積極的に評価する視点がある（経済産業省中小企業庁編2006, 2009）。その契機として、1998年の中心市街地活性化法と改正都市計画法の施行（石原2000）や、1999年における中小企業基本法の36年ぶりの改正（中沢2001）が挙げられている。

　ここで、第一義的な設立目的は商業機能の維持や向上にある商店街組合が、どのようにコミュニティ形成機能の創出を担っていくのかはよくわかっていない。そこで本稿ではその創

出過程について、夜灯が商店街のイベントづくりを契機としつつも、地域コミュニティ形成を志向する祭りへ展開していく過程と、地域や社会に認知されてきた夜灯が商店街に与える意味を追っていくことで論じていく。考察では、(1)夜灯実行委員会の中核メンバーでもある商店主たちの動向（主体レベル）、(2)夜灯実行委員会を介した商店街組合と多様な地域集団との組織間関係（集団レベル）、(3)外部の条件として商店街に関わる政策や夜灯へのまなざしの変化（構造レベル）、という3つのレベルに着目する。この考察を通して、地域集団研究において周辺的におかれてきた商店街組合へのアプローチの展開に寄与したい。

2. フィールドの概要と調査方法

2.1 対象地域の概要

　稲毛地域は、JR総武快速線を使用すれば東京駅−稲毛駅間を約35分で結ぶ郊外にあたる。行政区分としては千葉市稲毛区にあたるのだが、夜灯が1つの中学校区を中心に展開してきたことや、対象地域の住民における認識の範囲を考慮して「稲毛地域」[4]と表していく。

　稲毛地域は当初、海に面していたため、明治時代以前から続く半農半漁の漁村であった。明治時代以降は、海を中心とした保養地・観光地として注目されていく。1921年の京成電鉄の開通は、京成稲毛駅を稲毛の中心地として決定づけることとなった。この時期の稲毛地域は文人の保養地や日帰りの海水浴場として栄え、せんげん通り商店街の最盛期であった一方、地元民は漁村として半農半漁の生活であったようである（千葉市稲毛区地域振興課 2016）。

　だが、第二次世界大戦後1961年に始まった埋め立て事業を契機に、東京へ通勤する人々が住むベッドタウンとして開発が進み、稲毛地域の中心地は国鉄（当時）稲毛駅に移行していき、1981年に総武快速線の停車駅となったことでベッドタウン志向は決定的となる。今では郊外のベッドタウンとして定着している稲毛地域であり、稲毛地域に隣接する「プラウドタワー稲毛」(37階354戸、2009年9月完成）や、稲毛地域内の「ウィリス稲毛」(14階929戸、2015年2月完成）の存在は象徴的である。

表1　千葉市・稲毛区・稲毛地域の人口・世帯

		千葉市	稲毛区	稲毛地域
	総数	961,749	157,768	20,264
人口	男	480,194	78,835	10,129
	女	481,555	78,933	10,135

（注）2010年国勢調査をもとに筆者作成

2.2 調査方法

　本稿は主に、この稲毛地域を対象にしたフィールドワーク（参与観察とインタビュー）にもとづく。具体的には、月に1, 2回開かれる祭りのスタッフ会議などに2009年から参加し、現在も継続的に関わっている。祭りの運営への関わりを通じて、商店街組合の活動についても情報が得られるようになるとともに、活性化委員会の委員[5]にも選ばれた。以下は、商店

街組合や夜灯実行委員会の中心メンバーである。

表2　稲毛商店街振興組合の中心メンバー

氏名	生年	稲毛地域との関係	職業	組合での役職
川口修	1963年	稲毛地域出身	お茶屋3代目	事務局長
黒田直樹	1955年	稲毛地域出身	洋服屋2代目	代表理事
鹿島大輝	1971年	稲毛地域出身	写真屋3代目	会計
古屋通	1957年	20歳の時に仕事で入居	八百屋2代目	理事
渡部和夫	1952年	2004年に隣町から入居	無職（地主）	副代表理事

（注）人名は仮名表記

　現在の商店街を組織する稲毛商店街振興組合は37店舗（2016年時点、組合員以外も合わせると65店舗）である[6]。中には現役世代の店舗経営者は組合に関与せず、店舗経営を引退した親世代が会費を払っている店もある。組合全体としての連帯感や拘束力はあまり強くないという指摘もある[7]。来客層は、商店街の徒歩圏内に住む高齢者が主要な層である。

3.　商店街組合の変容と活動の展開

3.1　商店街の変遷と商店街組合の世代交代

　1921年の京成電鉄開通にともない、京成稲毛駅と海を結んでいた商店街は、海水浴や潮干狩りをしにくる人々で賑わい、最盛期には120軒もの店が並んだという。しかし、1961年から開始した埋め立て事業によって海にまつわる文化がなくなる。漁師たちは、漁業権放棄による補償金の支払いと再就職支援が受けられた。その一方、商店街は公的な保証を期待して、任意団体であった商店街振興組合を1963年に認定団体にしたが何も保証は得られなかった（千葉市商店街連合会2016）。1981年、国鉄稲毛駅の快速停車駅化に伴い、700メートルほど離れた国鉄稲毛駅周辺にマンション建設や大型店舗（サティや駅ビル店舗）が進出していく。その結果、地元民の買い物の中心も大型店舗に移行し、商店街に人通りがなくなっていった。

　こうした状況の稲毛商店街振興組合が2002年頃から様々な活動に取り組むようになる。その背景には、組合内の世代交代という前史がある。20年以上続いていた組合主催の「さわやか盆踊り」を支えていた当時の組合理事長の引退時（1996年）、理事適齢期の50歳代の組合員が相次いで理事就任を避けた。その結果、川口の父（当時61歳）が理事長となり、黒田の父（当時74歳）も組合の中枢を担わざるを得なくなる。それ以降、「さわやか盆踊り」は開催されなくなり、稲毛地域に転居前の渡部以外の4人（当時の川口33歳、黒田41歳、鹿島25歳、古屋39歳）は、理事の息子世代として組合の実務を先代の理事たちから半ば押し付けられることとなる[8]。当時の心境を川口は「マイナスのかたまり」だったと語っている[9]。

　ただし、この時期は実務上の世代交代によって、秋の売り出しセールと連動した「秋の大収穫祭」という新企画（2002年〜）[10]や、商店街キャラクターの作成（2003年）[11]といった新規の活動を展開する萌芽がみられる。次項では、組合が活動を大きく展開していく契機と

◆論　文

なった2つの視察ツアーを取り上げていく。

3.2　商店街組合の活動が展開する契機としての2つの視察ツアー

　前述の背景のもと、当初（2004年まで）の商店街活動は、季節ごとの「売り出し」という商店街のセール企画くらいしかなく、あくまで商業活動の延長であった。そのような中、2004年に千葉市商工会議所から他地域への商店街視察ツアーの話[12]があり、川口（当時41歳）・黒田（当時49歳）・鹿島（当時33歳）の3人が視察に「いやいや参加」する。3人が視察に参加するのは、組合の理事たちからの代行依頼であり、初めての経験であったという[13]。

　その際、東京の山間部にある青梅市の商店街での視察が転機となる。JR青梅駅周辺にある8つの商店街は「昭和の町」として整備を始め、青梅のまち全体が博物館という新しい概念（フィールドミュージアム）にもとづいて活性化に取り組んでいた。川口たちは、青梅の商店街組合の活動を担ってきた3人の中心メンバーの1人（組合の理事をする70歳代）から「ありとあらゆることに取り組んできて残ったもの」が今の成果であること聞く。川口たちは、当時の稲毛商店街振興組合の実務担当が比較的若く、5,6人いることを念頭に「おれたちにもできるんじゃないか」と話が弾み、様々な企画に取り組んでいく方針をとることとなる。

　以下の年表[14]から、2002年より前の新規の取り組みの少なさに併せて、2004年以降の「あ

表3　せんげん通り商店街の歴史

年	商店街事業	関連する出来事
1921年		京成電鉄開通
	海水浴・潮干狩りでにぎわう東京近郊の避暑地として発展	
1961年		埋め立て事業が稲毛海岸（当時）から開始される（～1980年）
1962年5月		商店街振興組合法の施行
1963年6月	埋め立てによる商業構造の変革に対応すべく組合設立	
1975年8月	さわやか盆踊り開始（～1996年）	
1981年5月		国鉄稲毛駅に店舗街「めり～な稲毛」（現在のペリエ稲毛店）開業
1981年10月		国鉄稲毛駅が快速電車停車駅になる
1985年4月	スタンプ事業開始（稲毛サービス会の設立）	
1990年11月		「稲毛サティ」（現在のイオン稲毛店）開業 大規模小売店舗立地法の施行
1998年6月		中心市街地活性化法の施行
1998年6月		稲毛商業文化祭「らっしゃい稲毛」の開催
1998年8月		都市計画法の改正
1998年11月		中小企業基本法の改正
1999年12月		
2002年10月	「らっしゃい稲毛」の一環として「秋の大収穫祭」開始	
2003年11月	商店街キャラクター「いなげくん、いいなちゃん」作成	
2004年3月	商工会議所主催の視察バスツアー（柴又・青梅）に参加	
2004年4月	学生が商店街の活性化策を提案する大学の授業を受け入れる	
2004年6月	一店逸品事業取り組み開始	
2005年4月	商学連携事業で学生団体が活動開始（～2008年）	
2005年6月	「稲毛探索レトロマップ」作成	
2006年9月	テレビ東京「ガイアの夜明け」に出演	
2006年3月	第1回「逸品お披露目フェア」開催	
2006年12月	第1回稲毛あかり祭「夜灯」開催	
2007年2月	テレビ東京「現場に急行！商店街復興バスツアー」に出演	

（注）千葉市商店街連合会　公式ホームページを元に筆者加筆

らゆること」に取り組む過程が読み取れる。ただし、1つ目の視察ツアーは、特定のコンセプトや資源への注目を促した機会というよりは、視察先の商店主たちの取り組み姿勢から自分たちにも何かできるという刺激を受ける機会にとどまり、「あらゆること」のコンセプトが夜灯として体現される特定のコンセプトに方向づけられていく契機は、後述する2つ目の視察ツアーに求められる。

　1つ目の視察ツアー後、様々な取り組みを行う中、商店街組合における一店逸品事業[15]の取り組みがテレビ東京「ガイアの夜明け」[16]に取り上げられる（2006年9月19日放送）。この放送がきっかけで出演することになったのがテレビ東京「現場に急行！商店街復興バスツアー」[17]であった（2007年2月25日放送）。これが2つ目の視察ツアーである。

　この視察ツアーで訪れた商店街の1つが兵庫県長田区の商店街であった。番組の放送には取り上げられていなかったが、阪神淡路大震災による地域住民の離散が商店街にとっての痛手であったことを川口たちは聞いたという[18]。特に、この以前の「コミュニティ」を失ったことを「根無し草」と表現して語っていたことに衝撃を受けたと度々語られている。

　これら2つの視察ツアーは、稲毛商店街振興組合の活動方針に大きな影響を与えた。「売り出し」くらいの商業活動しか行っていなかった振興組合は、実務上の世代交代を背景に、1つ目の視察ツアーを契機として「あらゆること」に取り組んでく活動内容の拡張を選択した。さらに、2つ目の視察ツアーによって川口たちは「あらゆること」の中でも「地域コミュニティ」や「まちづくり」の観点を強調するようになった。

　ただし、この2つの視察ツアーを通じて得たものは、商店街組合の商業活動が「地域コミュニティ」や「まちづくり」の方向へと拡張していく方針にとどまる点に留意する必要がある。実際に、コミュニティを志向する地域活動やネットワークが展開していく契機は次項に挙げる新しい祭りの夜灯にある。

4．稲毛あかり祭夜灯の成立過程

　本稿の冒頭で概要を述べたとおり、かつての夜灯漁の光景にちなんで、灯籠をせんげん通り商店街や公園などに並べる祭りが夜灯である。2006年から開始した新しい祭りであるが、現在の運営形態になるまでには3つの段階があった。

4.1　学生団体との連携による夜灯の「発見」（2004年〜2006年第1回夜灯）

　1つ目の段階は、2004年の隣駅にある総合大学の学生が授業を通じて稲毛地域と関わり（表3）、その中の稲毛地域に興味を持った学生数人が、授業後も稲毛商店街に関わりたいと言い出したことに遡る。ちょうど先述のように稲毛商店街振興組合が活動的になっていたこともあり、川口たちは快諾をする。やがて学生たちは、組織的な関わりを持ちたいと思い、夜灯がうまれるきっかけとなる学生団体[19]が5人ほどの学生を中心に2005年結成される。ある日、1人の学生が夜中に行う漁の話を地域住民から聞いてくるが、稲毛商店街振興組合の誰に聞いてもその漁法の名称については分からずにいた。その後、その学生が川口の店に来た際、偶然居合わせた買い物客のおばあさんが「それは夜灯漁って言うんだよ」と教えてく

れた。この話から夜灯が生まれることとなる。

　学生団体の結成後、川口たちと学生は祭りのようなイベントを開催したいと話していたという[20]。ただし、川口らは稲毛商店街振興組合が主催していた「さわやか盆踊り」（1997年以降開催しなくなる）の経験と記憶[21]から「盆踊りに毛の生えた程度のもの」を想定していた一方で、学生たちは夜灯漁の話をきっかけに、地域文化に根ざした祭りを構想していた。学生たちの提案に賛同した川口たちは、子どもたちの描いた灯籠を街中に並べて夜灯漁の光景を再現する案に至る。この頃は2つ目の視察ツアー以前であるため、当時の川口たちは、商店街活動における「あらゆること」の1つとして夜灯を捉えるにとどまっていたのに対し、学生たちは、夜灯漁をコンセプトに地域の記憶を表現していくことを構想していたといえるだろう。

　夜灯の構想を固め、産学連携事業として夜灯を運営していく方針のもと、2006年7月に千葉県商店街活性化地域連携モデル事業へ応募し優勝する。祭りの話が現実化していき、第1回の夜灯が2006年12月下旬に行われた。以降、始めてからの3年間は、稲毛商店街振興組合と学生団体との二者が中心となって夜灯を共同運営していく。

4.2　地域団体を中心としたネットワークの展開（第2回夜灯～第3回夜灯）

　表向きには「学生と商店街のイベント」として定着していった3年間であったが、川口によれば、「関係をつくる努力の1年目」「運営上の連携を広める2年目」「更なるつながりの展開の3年目」という段階があったという[22]。川口たちは、第1回夜灯の当日運営の際、学生団体の5人と稲毛商店街振興組合の5人の計10人ほどしかいなかった苦労から、二者のみの夜灯運営に限界を感じていた。このタイミングで先述した2つ目の視察ツアーにて「地域コミュニティ」や「まちづくり」の重要性を聞くことになる。その後、2回目以降は準備の早い段階から各種の地域団体に運営への参加を求めていくことにした。川口たちは、海や夜灯漁にまつわる記憶を表現し、伝えていくという夜灯のコンセプトの説明や地域団体間の関係調整に奔走し、第2回夜灯の運営に3つの自治会、地域の趣味教室、ガールスカウトを招致している。

　地域団体の参加の経緯に関して、第一に自治会について述べる。自治会は、構成員が商店街組合の構成員と同様に、稲毛地域の住民として地域に直接的な関係のある団体である。夜灯と最も長い期間にわたって関わりのある稲毛東5丁目自治会は、当初、特にその婦人部が自治会の盆踊り[23]で焼きそばなどの露店を継続している経験から川口たちに夜灯への参加を見込まれた。同時に若い頃から当盆踊りで太鼓の叩き手の有志をしていた黒田（表2）との個人的なつながりもあったことから、第1回夜灯の露店出店を依頼された。第1回夜灯では婦人部を中心とする露店のみの参加であったが、第2回夜灯の準備を始めるにあたり、川口らは当自治会に夜灯の運営面への協力を依頼する。当自治会は、夜灯のコンセプトに共感した自治会盆踊りの運営メンバーを中心に「東5丁目夜灯の会」として夜灯運営に参加を拡大することとなる。この「東5丁目夜灯の会」という形態は、自治会内で夜灯参加をめぐる賛否の議論を巻き起こさない役割を果たしている[24]。

　同様の傾向がうかがえるのが、稲毛3丁目自治会である。この自治会で役員をしていた渡

部(後の夜灯実行委員長)が、夜灯のコンセプトに共感し、運営に全面的な参加をしていくことで自治会としての参加を実現していく。前述のとおり(表2)、渡部は隣町から稲毛地域に転居して間もない新住民であった。また、稲毛2丁目自治会の夜灯運営への参加は、稲毛2丁目にあった3つの自治会が統合されて発足したばかり(2007年4月)というタイミングであった。

第二に、地域の趣味教室、ガールスカウトについて参加の経緯を述べていく。これらの地域団体は、構成員が稲毛地域の住民とは限らないが、稲毛地域を活動拠点としている。高齢者を中心とした稲毛地域の手芸やベル演奏などに取り組む趣味教室(2001年設立)は、川口が社会福祉協議会に夜灯の運営組織のあり方について相談するのと同時期に打診した団体だった。川口によれば、夜灯に関わる世代を拡張するため(この場合は高齢者層)の一環であったという[25]。その背景として、当時の川口が千葉市青少年育成委員会の委員であったことにより、委員会の会議で社会福祉協議会などの団体に知人ができていたことが挙げられる。

このような商店主らの個人的な地域的ネットワークが活かされたケースがある一方、ガールスカウトは学生団体の知人を通じて、ガールスカウト側から夜灯運営への参加意向が示されたケースであった。ガールスカウト千葉県第8分団(1960年設立)は、設立の当初から稲毛公民館を中心に活動しており、夜灯のコンセプトに共感しつつ、団の運営を考えて夜灯での出店を希望していたという。川口たちとしては、夜灯での灯籠設置場所を拡大したいと思っており、ガールスカウトの参加は稲毛公民館周辺の灯籠設置を可能にする条件となった。

第2回夜灯において地域の各種団体と関係構築する経験をもとに、第3回夜灯においても連携団体を増やしていく。近隣の工業高校からのボランティア参加(川口が青少年育成委員会にて打診を受ける)、ボーイスカウトの夜灯運営への参加(川口から打診)、着ぐるみ制作・ショー企画団体の夜灯運営への参加(先述の「秋の大収穫祭」でステージ出演依頼した団体への打診)など、多様な団体との関係構築を実現していった。この夜灯運営に関わる主体の多様化が、次項で述べる4回目以降を方向づけている。

4.3　夜灯運営の再組織化と制度化(第4回夜灯以降 2009年～)

夜灯が開催されてから3回目までの間、商学連携事業(千葉県みんなでつくる商店街モデル事業)からの公的な資金支援が運営の支えになっていた。その支援の期限を過ぎた4年目、学生団体が夜灯の運営から抜けることになる[26]。これにより、資金的にも人材的にも夜灯運営の危機が訪れることとなる。中心スタッフである稲毛商店街振興組合の5人を中心に、3年間に各場面でお世話になった人を集め、夜灯の理念から話し合う場を設けた。その結果、明文化されていなかった夜灯のコンセプトを「街の歴史に光を当て、暮らす人々のつながりを大切に、この街を夢あふれるまちへ」という理念として明文化して掲げ、「スタッフ会議として話し合ってく中では、それぞれの団体の利益だのエゴだの、そういうのを一切排除して、この夜灯っていうお祭りが運営していくのに正しいあり方として運営してこう」と決まった。この4回目から「本当の地域連携」が始まったと語られている[27]。

夜灯の理念を明文化したことで、夜灯について伝達手段や語り手に変化が現れた。第3回

◆論　文

　夜灯までは、学生たちと夜灯実行委員長であった川口が中心となって各団体へのあいさつや小学生や老人会などを対象とした灯籠づくり教室で夜灯の説明を行っていた。学生団体が夜灯実行委員会から抜けたことは、夜灯を運営する人材の中でも、特に、夜灯について語ることのできる人材がいなくなったことを意味した。この事実に直面した川口は、まず夜灯の理念や目的をまとめた文書を作成し、夜灯継続の意義と運営協力のお願いを伝えることにした。その結果が顕著に表れたのが小学校だったと川口は振り返っている[28]。第3回夜灯までは、「商店街と学生のイベント」「商店街が子どもを金儲けに使うのか」という捉え方が残っていた夜灯に対し、地域の祭りとしての認識を高め、夜灯運営にそれまで以上の支持を得られたという。

　次に、灯籠づくり教室の際、口頭で説明されていた夜灯漁の話について、人前で説明できるよう紙芝居を作成した。その結果、先に挙げた地域の趣味教室のメンバーや小学生の保護者でも夜灯に至った経緯を説明できるようになった。

　こうした、夜灯の伝達手段や語り手に変化があったことで、2009年以降、表4にある稲毛地域の3つの市立小学校（1つの中学校区）や幼稚園で授業の時間を1クラス1コマ用いて、子どもたちに絵を描いてもらうワークショップ（夜灯漁に関する紙芝居披露の後、灯籠の絵を描いてもらう作業）の形態の確立に至る（表5参照）。他にも、稲毛小学校を会場とする秋の大収穫祭などのイベント時に絵を描くブースが設置されることで灯籠の数は増えていき、第1回夜灯は約1000個の灯籠であったが、2015年第10回夜灯では手づくり灯籠だけで7000個ほどになっている。

表4　小学校の「ワークショップ」参加人数

稲丘小学校	稲毛小学校	小中台南小学校
667人	514人	295人

（注）2014.8.27のスタッフ会議による発表より作成

表5　1コマ（45分）あたりの「ワークショップ」の流れ

時間		取り組みの内容
5分	スタッフの自己紹介	保護者、近隣の大学生が主なスタッフとなっている
10分	紙芝居	海に面していた稲毛地域、夜灯漁について、夜灯について説明する。紙芝居は小学生が描いた絵を紙芝居に加工してできている。
25分	絵を描く	あらかじめ大まかなテーマが夜灯スタッフによって決められている。例）第8回「たいせつなもの」
5分	夜灯の宣伝	子どもたちの絵が灯籠になって夜灯にて飾られることを伝える。夜灯の写真に当年の開催日時が記されているハガキをプレゼントする。

（注）筆者のスタッフとして参加した経験より作成

4.4　現在の夜灯実行委員会における重層性

　以上の経緯を経て、現在では表6に挙げる実行委員会の構成へと至っている。この構成が成立するまでの拡大過程についてコミュニティの視点からみれば、重層的な広がりであったことを指摘できる。まず、コアの層として夜灯を通じて「地域コミュニティ」や「まちづくり」を担う活動の主体に変化した稲毛商店街振興組合、及びその活動へ参加する商店街近隣の各自治会が挙げられる。この団体の構成員たちは住民として稲毛地域に関わっており、実行委員会における、実行委員長・副委員長・事務局・記録といった中心的な仕事、及び協賛

金・出店交渉・資材調達といった収支にまつわる組織財政の仕事を担っている。

　次に、活動理念に賛同することで参加しているボーイスカウト、ガールスカウトといった稲毛地域の団体がコアの周辺として挙げられる。団体の運営者が住民とは限らないが、活動拠点が稲毛地域にあり、その会員に稲毛地域の子どもたちが含まれている。実行委員会では特定区域の灯籠管理を担っており、役割の一部を担う機能的な参加という形態をとりつつも、稲毛地域への関わりとしての参加という要素も大きい。

　こうした地域団体によって形成された空間に、稲毛地域外からボランタリーな参加をしている人々（各種の地域団体に所属しない個人参加のボランティアや、近隣の複数の大学からの学生ボランティア）が定着化しつつある。この人々は、稲毛地域との関わりよりも、夜灯という活動への参加を志向しており、実行委員会における役割もそれぞれ補完的なものから、新規事業まで多様である。

表6　夜灯実行委員会の組織表（2016年）

役職名		スタッフ
相談役		稲毛地区の自治・町内会協議会会長（市の組織）
実行委員長		渡部（3丁目自治会役員、稲毛商店街振興組合に所属）
副実行委員長		黒田（稲毛商店街振興組合理事長）
事務局		川口、コミュニティ施設職員1、地域協力者（消防団所属）
協賛金		黒田、渡部、工務店店主（大工）
出店交渉		古屋（稲毛商店街振興組合の会計）、コミュニティ施設職員2、東5丁目「夜灯の会」代表
会計		川口（稲毛商店街振興組合の理事）
ポスター・冊子デザイン		アート系の学生団体代表、地元出身のベンチャー企業代表
ステージ出演		2004年の授業をした大学教授、筆者
ワークショップ		地域協力者3人（PTA関係）
着ぐるみ隊		着ぐるみ制作団体（地域外）
資材調達		2丁目自治会長、渡部、東5丁目「夜灯の会」代表
記録		鹿島（稲毛商店街振興組合に所属）
灯籠の設置・管理	せんげん通り	地域外ボランティア（隣町の住民）
	京成稲毛駅	地域外ボランティア（職場が隣町にある通いのボランティア）
	遊具公園	隣町の学童保育NPO代表
	稲毛公園1	地域協力者（東5丁目自治会所属）
	稲毛公園2	アート系の学生団体代表
	稲毛公民館	ガールスカウト代表
	浅間神社	ボーイスカウト代表
	市民ギャラリー	市民ギャラリー学芸員
警備		2丁目自治会長
ステージ設営、音響		工務店店主（大工）、地域協力者（音響が趣味で機材を所有）
連携団体		2丁目自治会、3丁目自治会、東5丁目夜灯の会、ボーイスカウト、ガールスカウト、地域の趣味教室、着ぐるみ制作団体、アート系の学生団体、近隣の私立大学の学友会・学園祭実行委員会

5. 夜灯への評価と商店街組合における商業機能の後景化

　ここまでは、夜灯が商店街のイベントづくりを契機としつつも、地域コミュニティ形成を志向する祭りへ展開していく過程を論じてきた。次に、地域や社会に認知されてきた夜灯が商店街に与える意味について、夜灯の評価から考えていく。夜灯の活動成果は、新聞やテレ

◆論　文

ビなどのメディアによる評価を受けるようになっている（表7）。夜灯に関する記事や出演が圧倒的に多数を占め、夜灯以外の取り組み（商店街組合の活動である一店逸品事業など）は、メディア上では後景化している。

表7　稲毛商店街振興組合の活動に関するメディア掲載・出演（2006年～2010年）

年	夜灯に関する記事や出演	夜灯以外の取り組みに関する記事や出演
2006	千葉日報 11.29, 12.22	テレビ東京「ガイアの夜明け」9.19
	朝日新聞千葉版 12.15	
	読売新聞千葉版 12.24	
2007	千葉テレビ「ニュース C-MASTER」8.24, 11.21	千葉日報（一店逸品事業）2.14
	千葉日報 9.25, 11.23	テレビ東京「現場に急行！商店街復興バスツアー」2.25
	朝日新聞千葉版 11.23, 11.24	
2008	朝日新聞東京版 1.21	朝日新聞千葉版（一店逸品事業）3.3
	朝日新聞千葉版 1.25, 9.9, 10.8, 11.20, 11.24	
	千葉日報 6.27, 10.6, 11.22	
	JCN 千葉「デイリー千葉」8.8	
	千葉テレビ「ニュース C-MASTER」11.19, 12.17	
	読売新聞千葉版 11.24	
2009	朝日新聞千葉版 2.26, 10.14, 11.7, 11.22	
	日本経済新聞千葉版 4.2	
	千葉日報 4.11, 10.20, 11.16, 11.22, 11.25	
	毎日新聞千葉版 5.16, 10.20	
	読売新聞千葉版 11.8, 11.10	
2010	読売新聞千葉版 4.3-5, 4.7, 4.8, 11.17, 11.21	千葉日報（B級グルメの販売）2.26
	テレビ朝日「ちい散歩　稲毛」11.8	朝日新聞千葉版（B級グルメの販売）2.27
	朝日新聞千葉版 11.16, 11.21	JCN 千葉「デイリー千葉」（一店逸品事業）5.27
	JCN 千葉「デイリー千葉」11.21	NHK 総合「おはよう日本」（一店逸品事業）6.1

　行政からの評価としては、2009年に目標[29]の1つでもあった中小企業庁「新・がんばる商店街77選」に選出された。選出理由を見ると、夜灯の継続的な運営によって「地域コミュニティの再生に貢献」したことが挙げられている（中小企業庁2009: 31-32）。夜灯は、先述したように各種団体や個人の参加による実行委員会によって運営されてきたが、その財政を制度的に支えていたのは、千葉県商店街活性化地域連携モデル事業や商学連携事業といった商業政策の補助事業であり、その成果も商業政策によって評価されている。これは、経済評論家の中沢孝夫が指摘するように、中小企業政策において「大企業との格差是正」＝「全体の底上げ」から「多様で活力のある中小企業の支援」＝「がんばるところを支援する」への政策方針の転換（中沢2001: 24-26）に対応する動きといえる。すなわち、稲毛商店街振興組合は「がんばるところ」として評価されている。ただし、そのがんばりの内実は「地域コミュニティ」や「まちづくり」を志向した活動である点に留意する必要がある。

　さらに、商店街組合における商業機能の後景化は、政令市である千葉市の施策において、自治会やNPOを対象とする行政区の地域振興政策に商店街も組み入れる動向（飯田・熊谷2016: 271）とも共振する動きといえる。この動向は、新自由主義的な市場経済に位置づくための商業機能を促進する市レベルの経済政策から商店街が分離されたことを意味する。この意味については、後で述べるように消極的な解釈と積極的な解釈の余地がある。

6. まとめと課題

6.1　商店街組合におけるコミュニティ形成機能の創出過程

　本稿では、商店街組合による夜灯の事例にみられるコミュニティ形成機能の創出条件について、以下のように要約できる。まず（1）主体レベルの条件として、組合内の実務上の世代交代というタイミング、地域活動の主体としての自覚化を促すきっかけとしての2つの視察ツアー、学生団体との連携による祭りの意味づけが挙げられる。次に（2）集団レベルの条件として、夜灯運営の必要から各種地域団体との連携、その連携の拡大による夜灯の地域活動としての意味づけ、コミュニティ観の重層性を伴う夜灯実行委員の拡大が挙げられる。最後に（3）外部からのまなざしの条件として、コミュニティ形成を焦点化し積極的に評価するメディアや行政の動向とそれに対する夜灯実行委員会のコア層の再帰的な内面化が挙げられる。これらの視点は、これまで十分に明らかにされてこなかった、商店街組合におけるコミュニティ形成機能の創出過程とその条件の地域社会学的考察の展開に貢献するものと考えられる。

6.2　商店街におけるコミュニティ形成機能と商業機能

　次に、商店街組合におけるコミュニティ形成機能の創出と商業機能の後景化について考察する。この後景化について、そこでの商業機能を新自由主義的な文脈から捉えた場合、消極的には2つのレベルで解釈することができる。まずは実際的なレベルで、地域の商店街には商業機能が期待されておらず、千葉市の政策にみられるように専ら地域活動を担っていく主体とみなすことである。そうであるならば、地域社会学として、商店街を商業機能の観点から自治会やNPOなど他の地域集団と区別して捉える積極的な意義を有しなくなったという理解が可能である。

　しかし、商店街の商業機能をコミュニティ形成機能との関連から、別様に考察しうることが本稿では示されている。そこには2つの過程がある。まず、稲毛地域の外部からの視点をめぐる過程である。商店街組合が創出した地域の祭りは、メディアや行政のまなざしを通して「夜灯が行われる稲毛」「夜灯を運営している商店街（組合）」という意味空間を創出したと捉えられる。毎年のように企画されるようになった、稲毛商店街振興組合を主催とする「まちあるきツアー」は、「夜灯が行われる稲毛」という「観光のまなざし」(Urry and Larsen 2011=2014) に対応した動きと考えられる。この過程は、商店街組合が夜灯を契機として創出された外部からのまなざしに対して再帰的に、コミュニティ形成を促しつつ、回遊性のある観光まちづくりとしての商業機能を強化する動きともいえる。

　もう1つは、稲毛地域の内部からの視点をめぐる過程である。上述してきた夜灯の創出過程は、夜灯実行委員会が稲毛地域における地域活動の主体として認識されていく過程でもあり、それに伴い稲毛地域の内部では、商店街にある個々の商店について「夜灯を応援している店」であるかどうかという認識が広がりつつある。そのような認識に基づいて、地域の客と商店との関係が再構築されていくとき、地域コミュニティに埋め込まれた経済[30]という側面が鮮明になっていくだろう。これら2つの積極的な解釈の深化は別稿としたい。

◆論　　文

注
⑴　夜灯の主役である灯籠は、専用の A3 サイズほどの用紙に絵を描いた後、ラミネート加工を施す。それを筒状に丸めて重ねた端をホッチキス止めする。この筒を砂地・アロマ用キャンドルの入ったプラスチックのカップにかぶせて灯籠が完成する。この灯籠は、竹を加工した竹灯籠と区別して「手づくり灯籠」と呼ばれることがある。他にも稲毛中学校の美術部によって制作される大型の灯籠などもある。
⑵　最近の研究でも、「特定の経営者の結社」を中心に据えた先行研究が少なく、その必要性を論じる指摘がある（嶋田 2015:150）。
⑶　本稿では、文書や語りにおける（地域）コミュニティを「」で囲い、分析概念としてのコミュニティはそのまま表記している。
⑷　「稲毛地域」は、人によって語られる範囲に差があるものの、「稲」の字がつく町丁名（稲丘町・稲毛1丁目～3丁目・稲毛台町・稲毛町4丁目～5丁目・稲毛東1丁目～6丁目）の範囲と考えてさしつかえない。例えば、JR 線を境に北側隣接地域は「稲毛」ではなく「小中台」という認識であること等が会議の会話で確認されたりしている。
⑸　2015 年 3 月、稲毛商店街振興組合によって建設されたコミュニティ施設の利用開始にあわせて設置された委員会を指す。委員会による会議では、各委員の所属する団体からの地域情報の共有や、施設利用の方針と企画を検討している。現在、夜灯実行委員長、コミュニティ施設職員を中心に、千葉市健康課、稲毛区の地域包括支援センター、千葉市教育振興財団の管理する市民ギャラリー学芸員、稲毛東 5 丁目自治会から担当者が委員会の会議に出席している。
⑹　千葉市商店街連合会に加盟している 49 団体において、結成年は 1960 年代から 1970 年代の商店街組合が多く、店舗数の平均は 44.92 店舗である。ただ、連合会のホームページに組合の情報が記載されているのは、26 団体にとどまる。そのうち、商店街組合独自のイベントを記載しているのは 22 団体、独自のホームページを記載しているのは 7 団体にとどまる（千葉市商店街連合会 2016）。
⑺　例えば、2004 年の稲毛商店街振興組合の事業報告書によれば、季節ごとの売り出しや街路灯の管理などに「非協力的」との記述がある。
⑻　黒田の話によれば、この頃は組合の青年部がなくなる時期であり、黒田は青年部の最後の層で「青年部の後輩がいなかった」という（2016.9.9 インタビュー）。商店街の実務を担える人がここでの 4 人くらいに限られていたことが理解できる。
⑼　2012.8.29 インタビューより。
⑽　1998 年から稲毛地区商店街協議会主催の稲毛商業文化祭「らっしゃい稲毛」が開始される（千葉市商店街活性化対策事業）。この事業の一環として稲毛商店街振興組合では、「秋の大収穫祭」を開催することに至る（2002 年）。9 月上旬、稲毛小学校体育館にて飲食販売や子ども向けの遊びコーナー（射的など）、ステージイベントや抽選会を行う 1 日イベントを毎年開催している。
⑾　商店街キャラクターを作成すると同時に、街路灯に設置されているフラッグを作り直している。
⑿　千葉市商工会議所と関係のある中小企業や商店街を対象に、テレビドラマ「男はつらいよ」シリーズで有名になった柴又の商店街と、「レトロ看板」などで有名になっていた青梅の商店街を日帰りバスツアーで回る内容であった。なお川口は、柴又の商店街に関して、柴又帝釈天や「寅さん」といった有名な地域資源を前提とした取り組みであるため、あまり関心を示さなかったという（2012.8.29 インタビュー）。
⒀　2016.9.10 インタビューより。
⒁　千葉市商店街連合会のホームページにおける掲載内容は 2006 年で途切れている。

⒂　一店逸品運動（または事業）は、各店舗が逸品を考案して販売していく事業のことである。現在では、NPO法人一店逸品運動協会（2007年設立）が各商店街組合による取り組みを促進・支援している。逸品講習会の開催、各地域で行われる逸品研究会や逸品フェアへの支援、事業参加団体のネットワークづくりなどを行う。事業への参加は、各地の商店街組合ごとに有志を募っているため、意欲のある商店のみが参加している。また、各店の逸品について議論を交わす逸品研究会に定期的な参加をすることも大きな特徴である。そのため、店舗ごとの状況（商品開発意欲や経営上の余裕など）が整わない場合は参加が難しい事業でもある。稲毛商店街振興組合の場合、平均して組合員の3分の1程度の参加率となっている。

表8　稲毛商店街振興組合における一店逸品運動の参加店舗数

年	2006	2007	2008	2009	2010	2011	2012	2013	2014
店舗数	9	10	11	13	12	10	11	12	11

⒃　「小さな商店の逆襲〜アイデア勝負で生き残れ〜」という番組タイトルであった。その中の「一店逸品運動は商店街復活の特効薬か」という小項目で、逸品事業の現在進行形として稲毛地域の事例が取り上げられた（テレビ東京2006）。

⒄　内閣府の政府広報特別番組として放送された。「にぎわいを失った商店街で活性化に取り組もうとしている関係者を対象に、様々なアイデアや取組で活性化を実現している商店街をバスツアーという形で訪問・紹介し、商店街活性化のヒントを得てもらおうというもの」だという（中小企業庁2007）。

⒅　2012.8.29インタビューより。

⒆　この学生団体は2013年にNPO法人化し、他地域で活動を継続しているが、2009年以降、現在のところ夜灯実行委員会との関わりは途切れている。

⒇　2012.8.29インタビューより。

㉑　古屋の話によると、さわやか盆踊りの運営は、主催である稲毛商店街振興組合のみによって担われており、周辺の自治会との共催ではなかったという（2012.8.22インタビュー）。つまり、この時点では、周辺の地域団体との連携などは念頭になかったと思われる。

㉒　2012.8.29インタビューより。

㉓この盆踊りは現在まで継続しており、夜灯の開催以降、稲毛商店街振興組合のメンバーをはじめとした夜灯実行委員会の有志が当日の手伝いに行くなど交流が見られる。筆者が2016年7月に手伝いに行った際「29回目の開催」と聞いたことから、1988年開始だと考えられる。

㉔　稲毛東5丁目は、第二次世界大戦後に田畑を宅地造成してできた地域である。そのため、戦前から稲毛地域に住んでいた人たち「地っ子」にとって「新住民」であり、「地っ子」である／ないという識別が会話の中などに表れることがあるという（2016.9.10インタビュー）。実際に、稲毛東5丁目自治会員が自らを「よそ者」と言う（既に40〜50年の居住歴があるにも関わらず）のを筆者も何度か耳にしている。新住民が多いことが、地域のパーソナルな関係や動きを許容する余地を生み出したとも考えられるが、その検証は今後の課題である。

㉕　2016.9.10インタビューより。

㉖　学生団体について、「自分たち（稲毛商店街振興組合）が10年かかるのを3年でできた」というように、その活動を積極的に評価している人は少なくない一方、各地域団体や住民との関係性の構築や調整の奔走に苦労した経験などから、賛否が分かれる面もある。

㉗　2012.8.29インタビューより。

㉘　2016.9.10インタビューより。

㉙　青梅の商店街組合は活動が評価され、2006年に中小企業庁「がんばる商店街77選」の「まちづくりと一体になった商業活動」という項目に選出される。この選出が、稲毛商店街振興組合の

活動推進にいっそうの勢いを与えた。
⑶ カール・ポランニーの「実体＝実在としての経済」や「互酬」という概念と関連があると考えているが、この点は別稿としたい（Polanyi 1977=1980）。

文献
新雅史，2012，『商店街はなぜ滅びるのか 社会・政治・経済史から探る再生の道』光文社．
千葉市稲毛区地域振興課，2016，「文人に愛された別荘地「稲毛」」，千葉市ホームページ，（2016年9月25日取得 https://www.city.chiba.jp/inage/chiikishinko/villa.html）．
千葉市商店街連合会，2016，「千葉市の商店街」，千葉市商店街連合会ホームページ，（2016年9月25日取得 http://www.chiba-shopstreet.com/list/008.html）．
中小企業庁，2007，「「現場に急行！商店街復興バスツアー」放映について」中小企業庁ホームページ，（2016年9月25日取得 http://www.chusho.meti.go.jp/shogyo/shogyo/2007/070221tv_bus.htm）．
久繁哲之介，2013，『商店街再生の罠』，筑摩書房．
飯田泰之・熊谷俊人，2016，「現場から考えるこれからの地域再生」飯田泰之・木下斉・川崎一泰・入山章栄・林直樹・熊谷俊人，『地域再生の失敗学』光文社，253-296．
石原武政，2000，『まちづくりの中の小売業』有斐閣．
経済産業省中小企業庁編，2006，『がんばる商店街77選』経済産業省中小企業庁．
経済産業省中小企業庁編，2009，『新・がんばる商店街77選』経済産業省中小企業庁．
満薗勇，2015，『商店街はいま必要なのか』講談社．
中沢孝夫，2001，『変わる商店街』岩波書店．
似田貝香門，1992，「現代都市の社会過程分析」鈴木広編『現代都市を解読する』ミネルヴァ書房，88-112．
大坪省三，1985，「住民運動と住民組織」高橋勇悦・菊池美代志編『新しい都市社会学』学文社，53-65．
Polanyi, K, 1977, *The Livelihood of Man,* edited by H. Pearson. New York: Academic Press.（=1980, 玉野井芳郎ほか訳『人間の経済Ⅰ 市場社会の虚構性』岩波書店）．
嶋田吉朗，2015，「経営者の結社活動から見る伝統行事の再興プロセス――青年会議所と飯塚山笠を事例として――」関東社会学会『年報社会学論集』28: 148-159．
玉野和志，1999，「都市祭礼の復興とその担い手層――「小山両社祭」を事例として」東京市政調査会『都市問題』90(8): 25-38．
玉野和志，2005，『東京のローカル・コミュニティ――ある町の物語一九〇〇‐八〇』東京大学出版会．
テレビ東京，2006，「小さな商店の逆襲～アイデア勝負で生き残れ～」，日経スペシャル「ガイアの夜明け」，（2016年9月25日取得 http://www.tv-tokyo.co.jp/gaia/backnumber/preview060919.html）．
辻井啓作，2013，『なぜ繁栄している商店街は1％しかないのか』阪急コミュニケーションズ．
Urry, John and Larsen, Jonas , [1990]2011, *The Tourist Gaze 3.0,* London: Sage Publications.（=2014, 加太宏邦訳『観光のまなざし ［増補改訂版］』法政大学出版局）．
矢部拓也，2006，「地域経済とまちおこし」岩崎信彦・矢澤澄子監修『地域社会の政策とガバナンス 地域社会学講座3』東信堂，88-102．
吉原直樹，1990，「コミュニティ政策と町内会・自治会」蓮見音彦・似田貝香門・矢澤澄子編『都市政策と地域形成』，東京大学出版会，399-432．

◆自著紹介

菊池真純著
『農村景観の資源化──中国村落共同体の動態的棚田保全戦略』
（御茶の水書房　2016年）

菊池真純

　本書では、中華人民共和国広西壮族自治区龍勝県龍脊棚田地域の3つの村（以下、中国広西龍脊棚田地域）を調査地として、当該地域の農村景観という資源に着目し、1，人々が既存の物事を資源として認知する過程、2，資源を取り巻く各アクターの存在とそれらの関係、3，資源管理方法と資源から得られる利益の分配方法、4，資源の内容の変化、に関する考察を行った。

　社会や市場の変化、また、人々の価値観や需要の変化が生まれるなかで、資源とされるものも変化し、また資源を扱う共同体のあり方にも変化がみられる。その一例として、これまで資源として認識されることがなかった農村景観が今日、社会のなかの価値観の多様化によって1つの有望な資源となり始めている。農村景観とは、人と自然の共同作品であり、住民の地域自然環境に対する作法の表れである。自然と人間の協働によって形成される農村景観を読み解くことは、自然と人間の関わりを読み解くことといえる。

　農村景観を作り上げてきた背景には、伝統的な村落共同体の存在がある。本書の研究における村落共同体の範囲は、森林・水源・農地といった自然資源の管理・分配の単位と捉えられ、具体的には、地域内・村内の中に複数存在する伝統的な自然集落・住民グループが挙げられる。今日もこうした自然資源の管理・分配がみられるが、地域外部の農村景観に対する評価により、農村景観が旅行業資源として変化した今日、その新たな資源を取り巻く行動主体は多様化し、範囲も広がりをみせている。つまり、従来の伝統的な村落共同体を基礎としたうえで、地方政府・旅行会社・学者・旅行者といった新たな行動主体が共同体構成員として加わり、さらに発展した村落共同体による資源管理が生まれているといえる。

　本書の構成は、第1章から第5章までの構成である。これまでに査読を経て、学術雑誌や紀要に掲載された研究論文17本に加筆した内容が含まれている。

　第1章では、先行研究を整理し、理論的枠組みを明確にすることを目的とした。農村景観を研究対象とするうえで、自然環境のみでなく、社会や文化を含めた農村景観を資源と捉えて資源論を用い、その資源の分配方法と共同体による安定的で秩序のある分配によって地域社会が形成されるか否かを論じるためにコモンズ論を用いた。これら整理を踏まえ、調査地域である龍脊棚田地域の地域概要をまとめた。

　次に、第2章では、現地調査研究の入り口として、中国龍脊棚田地域全体、またこの地域内の平安村、大寨村、古壮寨の3つの村の状況や課題に関して、3つの村の代表である主任と書記、長老に対するインタビューを行った。調査では、村全体の①経済状況、②資源分配方法、③農業、④旅行業、⑤将来の展望に関して、インタビュー調査から得た内容を中心に文献資料も用いて論じた。さらに3つの村それぞれにおいて、伝統的村落共同体の基盤とも言える村の伝統的リーダーである寨老（長老）のインタビューによって個人史を作成した。

個人史では、各村の伝統や彼らの半生からみる村の変化、また村を代表する寨老の人物像を映し出すことによって、3つの村それぞれの理解を深めた。

　第3章では、それぞれに異なる特徴を持つ3つの村が共通して有する棚田の農村景観をいかなる共同体の形成、特徴によって維持・保全をしているかに関して考察を行った。まず、①平安村では、すでに村内住民だけでは限界が生じていることから、村外から日雇い棚田耕作者を雇い始めている事例を考察した。②大寨村では、自然集落を単位とした村全体での自然資源管理と相互扶助を継承する伝統的村落共同体による森林資源管理を考察した。③古壮寨は、中国博物館学会と地方政府の指定・指導によってここには、地域をまるごと保全する中国生態博物館制度に2010年から指定されている。この制度を通して、古壮寨がいかに政府や学界との協力をもとに村の運営をしているかに関して考察した。

　第4章では、住民各村50名ずつ合計150名と、中国国内外の旅行者各10名ずつ合計20名に対して、①旅行業、②資源分配と各資源への所有意識・帰属意識・公共意識、③棚田耕作、④将来の展望について行った調査結果を示した。それを受けて、「農村景観に対する感覚と認識」、「農業と生活の変化に関する考え」、「地域に関わるアクターに関する考え」、「地域に対して問題視している点」、「将来に対する予想」という5項目に整理し、3つの村の住民の回答の比較と旅行者と地域住民の回答の比較から明確となったそれぞれの特徴を分析した。また近年、地域内で地方政府が実施する政策に関しても考察を行い、地域住民・旅行者・政府の各アクターが農村景観という資源をどう位置づけて解釈し、どのように活用・保全しているのかを考察した。

　最終章である第5章では、龍脊棚田地域での農村景観の資源化がどのように形成されたか、またその資源の動態的保全をいかに戦略的に行っているかを論じ、本書の研究事例からみる他の山間地域農村発展への示唆を求め、理論の一般化を図った。龍脊棚田地域の戦略的な農村景観の動態的保全の特徴として、1、本業である農業の位置づけとそれを支える副業としての旅行業の位置づけ、兼業の肯定的な捉え方と奨励、2、地域の伝統的な共同体をもとにさらに多くの外部アクターを取り込み、時代の変化に応じた村落共同体の革新、3、従来地域の発展阻害要因として存在してきた諸問題を強みに変えた旅行業への活用が挙げられ、これらに関して考察を行った。さらに、地域の農村景観資源を持続的に保全しながら最大限に活用するために必要不可欠な要素といえる①伝統的村落共同体の重視と革新、②資金の確保、③労働力の確保、④付加価値の追加、⑤地域に適応した発展形態の選択、に項目を整理し、評価と考察を行うことで、本書の事例による他地域への示唆、一般化を模索した。最後に結論として、龍脊棚田地域の質的変化が現代中国で意味するもの、市場経済への緩やかな移行形態、他の中山間地農村への示唆、農村景観の動態的保全に関して論じた。

　最後に、本書は日本学術振興会・平成28年度科学研究費助成金（研究成果公開促進費：学術図書、課題番号16HP5179）の交付を得て刊行することが可能となった。

◆書評

石田光規著
『つながりづくりの隘路 ── 地域社会は再生するのか』
(勁草書房　2015年)

野邊　政雄

　本書は、東京都多摩市を調査地とし、郊外の多様な共同性の実情を、質的調査（聞き取り調査、参与観察）、量的調査（質問紙調査）、および文献資料（官庁統計、歴史資料）によって解明した労作である。さらに、それぞれの地区に合った連帯形成のための方策をも提言している。著者は本書の目的として、次の2点をあげている。第1に、郊外の多様な共同性の実情を探究することによって、「戦後のコミュニティ政策を踏まえて、そこに住む人びとはいかなるコミュニティあるいは共同性を築き上げたのか、または築き上げられなかったのかを明らかにする」ことである。第2に、「固有の地域社会に福祉的連帯を形成するうえでの課題を明らかにする」ことである (p.17)。本書の論点を3点にまとめ、内容を紹介したい。

　第1の論点は、地区類型である。郊外の多様性を探究するために、著者は地区類型をまずおこなう。1970年代に安原や奥田などが地区類型を提出したが、著者はそうした先行研究を下敷きにして、新たな地区類型を提出する。類型化の第1の基準は一括開発が実施されたかどうかである。この基準によって、複数の業者が少しずつ開発をして、段々と郊外化していった地区（「既存地区」）と一括開発が実施された地区（「一括開発地区」）とに大きく2分される。さらに、前者は「漸進開発地区」と「混住地区」とに2分され、後者は「戸建て地区」、「賃貸・公営地区」、「分譲団地地区」に3分される。漸進開発地区というのは、鉄道駅の周辺のような、民間資本が活発な開発を恒常的に実施してきた地区である。混住地区というのは、民間資本が開発をゆっくりと実施したために、旧住民（地付きの住民）の慣習が残存している地区である。「戸建て地区」、「賃貸・公営地区」、「分譲団地地区」の3分類は住民の階層と関連しており、「戸建て地区」には高階層の住民が住み、「賃貸・公営地区」には低階層の住民が住んでいる。これらの5つの地区類型に対応する多摩市の地区を本書で分析している。

　第2の論点は、住民たちの共同性づくりやつながりづくりがそれぞれの地区で成功しているかどうかである。これを探究するために、著者は各地区におけるコミュニティセンターの活動を丹念に取材し、それを分析した。そして、一括開発された地区ではそうしたことがうまくいっておらず、皮肉なことに、「農村共同体の残滓」を受け継ぐ既存地区、とくに、混住地区で共同性やつながりが残存しているということを明らかにした。このように、住民の共同性の様相は地区によって大きく異なっていた。

　ところで、私が都市社会学を大学で学んだのは1970年代の前半である。その頃、奥田はコミュニティの4類型を発表し、市民としての責任を自覚した住民が民主的な手続きによって地域社会を作り上げてゆく（ローカル）コミュニティが喧伝されていた。かつての農村共同体や都市町内会に代わる、新しい共同性や結びつきが多摩ニュータウンのような郊外で生まれるのだといったことを習ったとき、すばらしいことだけど「ホンマカイナ」と思ってい

た。本書で紹介されている多くの事例から、その当時の私の直感が正しく、あくまでもそれは「あるべき」コミュニティにすぎなかったことを再度確認した。

　第3の論点は、それぞれの地区に住む住民のソーシャルキャピタルである。著者は、それを構成する「一般的信頼」「努力への信頼」「互酬性」「近所づきあいの濃淡」を質問紙で調査し、次のようなことを明らかにした。まず、賃貸・公営地区では一般的信頼、努力への信頼、互酬性が低いことである。そのために、住民はつながりづくりに乗り出せなかったし、ボランティア活動の導入が成功しなかった。次に、予想に反して、既存地区で近所づきあいが少なかったことである。これは、旧住民が少数派になっていることを示している。つまり、既存地区では「なんとはなしの空気感」で地域づくりが円滑にゆくけれど、主に旧住民がそれに係わっているだけで、新住民は関与していなかったのだ。

　私がコミュニティセンターの活動に関する第4章を読んでいたとき、著者は、共同性やつながりということで、地区に住む多くの住民がコミュニティセンターの運営委員会に入るなどして地域づくりに主体的に関与したり、イベントの準備などに主体的に参加したりすることをさしていると思っていた。ところが、終章で、住民が個人として他の住民とつながって助けたり・助けられたりすることも、著者は共同性やつながりに含めていることが分かった。私は、誤解をしていたようだ。

　ところで、私は大阪府の郊外にある「戸建て地区」に住んでいる。40年ほど前に一括開発された地区なので、一人暮らしや夫婦のみの高齢者が多く居住している。一人暮らしの高齢者の中には、近所の親しい人に鍵を預けておき、カーテンが閉めっぱなしのようなときに、家の中に入って安否確認をしてくれるように頼んでいる人もいる。また、ある一人暮らしの高齢女性が重い荷物を運ぶとき、近所の家の人が車を出してその荷物を運んであげたこともあった。地域づくりに主体的に関与しようとする住民はあまりいないけれど、そうした個人レベルでのつながりならば、その「戸建て地区」で見聞する。多摩市ではつながりの形成がむずかしいそうだが、どうして違いがあるのかと思った。

　私は、過疎化・高齢化が進行する、岡山県下のある農村の調査を平成28年から実施している。高齢化率は50%を超え、子ども（夫婦）と同居している世帯が10%ほどしかない。かつては村おこしということで観光客を誘致することを積極的にしていたが、高齢化が進んだ今日では、村民が助け合ってできるだけ地域を楽しく・暮らしやすくすることに方針を変更した。一昨日、その1つの大字に行って、聞き取り調査をしてきた。世帯が減少し、60世帯ほどになっていた。村民は、地域をどうしたらよりよくできるかやどのようなイベントをおこなうかなどを寄り合いで徹底的に話し合う。まさに熟議民主主義だ。性別や年齢によって、老人クラブや婦人会のような集団が大字の中で組織されており、村民はそれに加入している。祭りのようなイベントのとき、村民はそうした集団のメンバーとともに自分のできる範囲内で貢献する。高齢者が生活に困っていたら、まわりの村民が手を貸す。本書で紹介されている多摩市の地区と比べたら、1970年代に希求されていた理想のコミュニティがその農村にあるようであった。著者が示唆していたように、コミュニティは前近代的と考えられてきた農村共同体の中から生まれるのかもしれないと思った。

書評

岩崎信彦著
『21世紀の『資本論』——マルクスは甦る』
(御茶の水書房　2015年)

林　真人

　本書は、マルクス『資本論』(独語版)の読解と、政治経済学についての現代的な考察を踏まえ、労働・消費・価値の理論的な理解を深め、また刷新し、この基礎理論によって地域社会についての認識枠組を提示しようとする。『資本論』の重要性が大きく強調され、著者による『資本論』の位置付けの現代性や新規性が大きく強調されている。近年の我が国における社会学者の作品としては例外的なほど、本書ではマルクスが頻繁に引用される。これらの点を考えるだけでも、本書は、我が国の社会（科）学におけるマルクス再興において、大きな役割を果たしていると言える。

　第1部「貨幣はいかにして資本に転化するか」では、『資本論』第一巻でマルクスが展開している価値論（モノを生産し消費するプロセスが貨幣に媒介され資本蓄積としてグローバル化されることの理論）が扱われる。貨幣という「モノサシ」は、グローバルな一般言語である。古くは個別に異なっており合理的な比較ができなかったモノの「価値」を、貨幣は、一般的に尺度化する。このときローカル・コミュニティは、世界化された「資本主義社会」として再編成される。マルクス『資本論』には、このような地域コミュニティ論がすでに組み込まれている。ただし著者が強調するのは、マルクスの叙述のメリットだけではなく、それ孕む問題点である。筆者によればマルクスは、「資本主義を理解するのに『労働力商品』さえ知っておればよいような錯覚」(p. 51)を作り出した。つまり（ローカル）社会を考えるうえで、「要点は資本家による労働者の搾取であり、それで十分であると思わせた」(p. 52)。

　第2部「産業資本と賃労働の世界」は、マルクスが価値の源泉と考える労働過程について、『資本論』の議論を再審する。著者はここでも、マルクスの基本的な立場に立ち返る。例えば「経営才覚」による利益の獲得は「資本そのもの」に内在するというマルクスの（非シュンペーター的）立場であり、また機械やマーケットは価値を生まないという立場である。これらのなかで著者が特に注視するのは、「機械は価値を生まない」というマルクスの大前提である。これに対して著者は、「（労働力だけでなく）機械も価値を生む」という視点から、マルクスを、ポスト産業社会における地域社会分析へと再構築すべきと考える。

　第3部「金融資本、階級ならびに国家」では、金融資本が前面化した資本主義社会において、階級構成が必然的に、筆者がそう呼ぶところの「痛苦労働」を軸とした階級構成へと変容することが、マルクスを踏まえながら論じられる。第4部「未来社会への道」では、マルクスの議論を「エントロピーの増大」として見ていくという論点を導入することで、『資本論』の議論を、今日の地域社会論にとって有効な形で捉え直そうとする。

　最後に、「最終考察　新しい未来社会を構想する」では、「里山資本主義」(藻谷浩介、NHK広島取材班)のマルクス主義的な解釈と理論化が展開される。筆者によれば「里山資本主

義」とは、マルクス『資本論』における「使用価値の世界とそれをベースにした自己労働にもとづく享受あるいは自己実現にたいする高い評価」(p. 267) と大きく重なるものである。

つまり「里山資本主義」は、「『使用価値』志向の『里山＝地域経済』が『マネー資本主義』に『逆らい』ながら、一つの『サブシステム』経済を作っていく可能性」(p. 267) を目指した社会構想であると位置づけられる。この理論化のベースとなるのは、かつての『批評空間』(柄谷行人を中心とする批評雑誌) に集った知識人の手による、地域通貨論などである。またかれらが展開した (生産点ではなく) 流通と消費点での変革理論である。筆者はこうした議論を踏まえながら、地域コミュニティがほんとうの個人 (マルクスが未来社会のベースと考えた個人概念) を育む場所となる可能性について考察を深める。

本書はこのように、マルクス『資本論』の読解から、地域コミュニティについての新しい認識枠組を構築しようと試みる貴重な試みである。その一方で、今後の議論に委ねられるべきと私が考えるポイントについて、簡単に述べたい。第一に、マルクス『資本論』から消費点の運動の可能性を取り出す一方で、生産点での運動をやや低く評価する試みとも読めるが果たしてそれで良いのだろうか。消費点の矛盾は、生産点の矛盾との関係で捉えられる。地域コミュニティにおける現代の諸問題は、例えば、「地域社会に適切な賃労働が存在しない」「賃労働における新しい搾取 (例えばメンタルな搾取) が高まってる」といった労働面の矛盾に一つの端を持つ。運動においても、消費点と生産点の複眼的視点が必要ではないか。筆者は最後に「連帯経済」に触れるが、この部分こそ理論化の一つの中心になり得たように思う。

第二に、現存するコミュニティ (actually-existing community) が、資本によって包摂され拘束されている現実 (存在被拘束性) を、筆者はあまり論じない。これは階級論とコミュニティ論、生産点と消費点を切り離す筆者の立場の、必然的な帰結かもしれない。地域コミュニティの水準で自律的なユートピアを作り出すことは、いまや非常に困難である。現代社会において、地域コミュニティは、①資本サーキット (生産・流通・消費) と、②資本主義国家 (調整者) による、(非) 合理化の圧力 (ネオリベ) を絶え間なく受けている。コミュニティ・ベースの社会運動や、ローカルな水準での日常生活 (批判) は、このネオリベ的な圧力がもたらす失敗や解体との格闘の日々である。それを見ずして、現代のコミュニティ研究や、理想社会の構想は不可能ではないのか。

第三に、(比較的) 若年の研究者として、筆者から知りたかったのは、これまでの日本における地域社会学や都市社会学の系譜的な再確認である。筆者は多数のマルクス主義的社会 (科) 学者に影響を受けたことを記している。筆者の岩崎氏自身を含め、こうした研究者の大部分は、私たち世代にとってもはや伝説上の人物である。かれらの議論や、非マルクス主義者との関係性を、部分的にでもカバーしてもらえればと私は感じた。

しかしこのような私の望みは、『資本論』から地域コミュニティ論を編み直そうとする本書の貴重な試みを、決して損なうものではない。また退職後の研究者によって、このような野心的な単著が出された事実は、私たち世代に大きな刺激となる。本書のプロジェクトは、歴史的なプロジェクトである。それをどう受け継ぐかは、私たち次第であろう。

書　評

藤井和佐・杉本久未子編著
『成熟地方都市の形成――丹波篠山に見る「地域力」』
（福村出版　2015年）

水　垣　源太郎

　本書は、平成の大合併の先駆例として注目を集めた兵庫県篠山市のその後に関する、15年にわたる調査研究の成果を取りまとめたものである。篠山市は、1999年、旧篠山市と周辺4町との合併によって、山村地域、農村地域、旧町、ニュータウンといった異質な地域を含む新しい篠山市となった。しかしその後の歩みは必ずしも順調だったわけではなく、ほかの自治体と同様、多くの課題を抱えつつ、その将来像を模索している。著者らは、篠山市の地域社会のインテンシブな調査分析を通じて、今後の地方都市の将来像を「創生」や「成長」ではない、「成熟」に見い出そうとしている。では本書のいう「成熟」とはどのようなものだろうか。

　序章「『成熟地方都市』論に向けて」は、「「由緒ある田舎」への注目」という節から始まる。都市論を田舎論から始めるところに本書の立場が端的に表現されている。地域社会の基層にあるのは「むら」あるいは「まち」社会的なもの、「都市」社会的なものはその上層にあるという見方である。これを裏づけるのが、地域社会における「集落」と「自治会」の二重性である。

　第1章「村落的共同性と地域社会」は、自治会長へのアンケート調査に基づいて、篠山市の自治会が「農業集落的な慣習によって運営」されていることを明らかにしている。古くからの定住民の長男子は他出していても集落民であり、新住民は自治会メンバーではあっても集落民ではない。著者は「地域を大切に生きてきた定住者」の立場にたち、市外へ他出していても「村用」（集落の共同作業）のたびに帰省する「子世代」に可能性を見出している。

　しかしながら、新生篠山市行政と直接関わるのは「集落」ではなく「自治会」の方である。第2章「地域力としての自治会」は、自治会長へのアンケート調査から、市の再生計画への行政協力がかえって自治会の負担となり、自主的なまちづくりへのエネルギーを削いでしまうジレンマを描いている。自治会長の多くは引退世代であるが、地域づくりにエネルギーが必要な混住化地域の多くでは現役世代が自治会長職を担っているため、その負担は余計に重い。

　第3章「地域のくらしを支える」は、インタビューに基づく自治会長のライフコース分析である。彼らの大半は高度成長期に青春を過ごした60歳代であり、彼らがたどったライフコースにしたがって、市内定住タイプ、Uターンタイプ、市内Iターンタイプの3つに分類される。そして農村集落地域、商業・伝統産業地域、混住化地域、ニュータウンといった地域ごとに、代表的なタイプと自治会活動の諸相を豊かに描いている。

　第4章「篠山を担う―地域エリートの変遷」は、自治会長を含む地域リーダーを生み出す社会階層としての「エリート」に着目し、その存立構造と育成基盤の歴史的変遷をそれぞれ「離郷エリート」「農村エリート」「町場エリート」に分けて論じている。

ここまではいわば「地域リーダー論」であり、次章からは「外部者」や若者の役割に視点を移している。

第5章「町屋活用と地域づくり―城下町地区の取り組みから―」は、小京都・篠山城下町地区の空き町屋再生を扱っている。地元商店主ら既存の地域づくりの担い手と、新しい地域づくりの担い手となる「外からの人」との協働によって、土地建物の所有と利用の分離が可能となり、古民家再生プロジェクトを成功させることができた。本章は新旧住民の目標共有をいかに実現するかが重要であることを示している。

第6章「地方都市に住むという選択―若者から見た篠山の魅力」では、篠山を離れなかった、もしくは離れられなかった若者男女15名の語りから定住要因を考察している。

全体を読み通してみると、本書でいう「成熟」とは、Iターン、Uターンを引きつけるだけの「豊かさ」を備えた「農村的生活様式」を指しているようである。しかしこのような特徴づけは表紙を飾る英文タイトル "Mature Urbanism" と相いれないし、篠山市をやや狭くとらえすぎている印象を抱かせる。

篠山市は京阪神大都市圏の周縁部に位置する。1.5% 都市圏内にはありながら、一部地域を除いて都市雇用圏（10% 都市圏）からは外れている、まさに境界上の地域である。この境界性もまた篠山市の特徴である。

例えば、隣接する三田市やさらに隣の神戸市には休日の一日を過ごせる郊外型モールが存在する。モータリゼーションが進んだ現在、十分遊びに行ける距離である。このことは篠山市の魅力とどう関連しているだろうか。

また本書が将来の担い手として期待する、「他出していながらも農村的生活文化を身体化させている子世代」も、その多くは京阪神大都市圏に居住しているであろう。彼らは実際、どこに居住し、どのような理由で居住地を選択したのだろうか。またどれぐらいの頻度で帰省しているのだろうか。「村用」や地元について、ほんとうはどう思っているのだろうか。他出者の配偶者はそれをどう思っているのだろうか。地元への態度や行動に性差はあるだろうか。本書中にある「農村生活に価値を置く都市生活者をいかに定住者にするか」、「孫世代による隔世代Uターンの可能性はどこにあるのか」といった問いのヒントはまさにこの他出者にあるのかもしれない。篠山市を周辺地域の中に位置づけ、その越境者にも目配りすることによって、篠山の姿はまた違ってみえ、本書の知見もより深みを増すように思われる。

書 評

大谷信介・山下祐介・笹森秀雄著
『グローバル化時代の日本都市理論——鈴木栄太郎『都市社会学原理』を読み直す』
(ミネルヴァ書房　2015年)

早川洋行

　少々変わった本である。読者は、本の題名から三人の編者、大谷信介、山下祐介、笹森秀雄の三氏が鈴木栄太郎の『都市社会学原理』をグローバル化時代である現代社会の視点から読み直す、という本であろうと思うであろう。それは、たしかに大筋において間違いではないのだが、その視線は一様ではない。笹森秀雄はすでに故人であり、この書には、大谷の手によって彼が生前、鈴木栄太郎の高弟として鈴木の人となりと研究史をまとめた論考等が収録されている。山下祐介は、鈴木の理論のうち、とくに聚落社会論と結節機関説に絞って、今日的観点から再評価する論考を載せている。そして本書の中心的編者である大谷信介の論考は、自らの研究と研究生活史のなかに鈴木理論をおいて、いわば「鈴木栄太郎との対話」とでもいうべき論を展開している。このように三人の視点は三者三様であり、だから本書は、第1部第1章〜第3章笹森秀雄、第2部第4章〜第7章大谷信介、第3部第8章〜第10章山下祐介の執筆による三部構成になっている。つまり本書は、いわば三角錐のような構造をなしていると言ってよく、頂点(共通テーマ)である鈴木栄太郎に向かって三つの三角形の面があるように構成されているのである。各章の内容を紹介すれば次の通りである。

　序章「社会学研究の再構築にむけて」は、大谷信介によって、鈴木栄太郎に注目する理由について述べられ、これまでの評価がどのようなものであったのかを説明したのち、鈴木理論を足掛かりにして現代都市を考察することによって、戦後社会の変化を可視化できると論じられている。

　第1部第1章「鈴木栄太郎の人となり」は、その表題通り、鈴木の人柄を和歌や手紙等数々の貴重な資料を使って描写している。第2章「結節機関説立論の経緯と背景—結節機関説はどのように誕生したのか」は、北海道大学の学部学生時代から鈴木を身近で見てきた立場から、農村社会研究から都市社会研究へと研究の矛先を替え、結節機関説を提唱するまでの研究史を検討したものである。第3章「鈴木都市社会学の理論的支柱と二元的実証性」は、鈴木都市社会学の本質的特徴を論じたもので、笹森の原稿に大谷が協力して完成させた小論である。理論的支柱とは、「聚落社会」「都市の機能」「都市の構造」「都市の生活構造」であり、二元的実証性とは演繹法と帰納法の組み合わせを指す。

　第2部第4章「世界に誇れる『実証的社会学研究法』」は、鈴木の研究方法論を整理して、その有効性を確認したものである。第5章「50年の歳月は『都市の骨格』をどう変えてきたか?」は、鈴木がかつて調査した都市を同じ方法で再調査することによって都市の変化を考察している。第6章「鈴木栄太郎が憂いていた『市町村合併政策』」は、鈴木が市町村合併によって生まれた行政都市の問題をどのように認識していたのかを整理し、そうした都市のその後の変遷をまとめたものである。第7章「グローバル社会における『実証的都市研究法』の再構築」は、今日の世界をグローバル化社会と定義したうえで、鈴木都市理論が日本

書　評

以外のアメリカやヨーロッパの都市現実に普遍的に適用可能な理論であるかを検討したものである。

第3部第8章「鈴木社会学と聚落社会論をめぐって」は、鈴木の聚落社会論に注目して、そのオリジナリティを高く評価しつつ、その特徴としてシカゴ学派にもマルクス主義にも共通する社会ダーウィニズム的発想と日本文化論的視角からの強い主張を読みとっている。第9章「結節機関説の導出と弘前駅前調査」は、鈴木の結節機関説に注目して、彼が行った弘前駅前調査を見直したのち、同じ地点を同じ手法で再調査することで、都市の変化を明らかにしている。第10章「結節機関説の継承と展開」は、国家規模での変化を前提にして、青森県内の都市がどのように変わってきたのかを論じつつ、グローバル化時代における結節機関説の有効性、あるいは可能性が検討されている。

本書は、以上述べてきた論考とは別に資料編として「リーディングス・鈴木栄太郎「都市社会学原理」(抄録)」がつけられており、それは2段組みで100ページ以上という相当な分量である。

さて、全体を読み通したうえで筆者が感じたことを述べることにしよう。なにはさておき、この本が大変良い本であることをまず初めに述べておきたい。鈴木都市社会学の全体像がとてもよくわかる。「鈴木栄太郎の都市社会学」学説研究書としては、少なくとも当分の間、これを超えるものは出てこないに違いない。これから都市社会学を専門にしようとする若手研究者にとっては、必読文献であると言ってもよいだろう。

ただし、いくつか気になったところもあった。ひとつは、極端過ぎる言明である。山下は、「21世紀を迎えて、われわれを取り巻く社会状況は、半世紀前の鈴木栄太郎が考えていたものとは大きく変化した」として、「生活の個人化は共同体を溶かし、家族や村落やコミュニティさえ失ってしまった。小さな共同体から議論していては、いつまでもこうした現実を見通すことができない」と断言する(p.186)。これはいくら何でも言い過ぎだろう。家族や村落やコミュニティがなくなれば、家族社会学も農村社会学も都市社会学もいらないではないか。彼が本当にそう思っているとはとても思えないから、不用意な文章だと思った。

もうひとつは、他の学説との比較があればなおよかったことである。たとえば、結節機関には上下関係があり、それが都市規模とパラレルなものであるとする鈴木の考えは、権力論の観点から都市をとらえた藤田弘夫の都市理論に接続するものだろう。また、都市も農村もともに聚落社会としてとらえて日本文化論的視角を有していた点については、日本の都市はゲゼルシャフトではなく、ゲマインシャフトの集合体(群化社会)だとした神島二郎の都市論を彷彿させる。この点を展開させれば、もっと面白い議論ができたかもしれない。

そして、第三の、まさに本質的な問題として、鈴木栄太郎がもっていた「都市とは何か」という問題意識そのものへの評価が十分であるとは思えなかった。つまり、それを問う意味が今でもあるのかどうか、ということである。これは、やはり書くべきだったのではないか。というのは、失礼ながら、これこそが大谷の根本問題であり、彼が鈴木栄太郎に注目した真の理由だったような気がしたからである。

書　評

丸山真央著
『「平成の大合併」の政治社会学――国家のリスケーリングと地域社会』
(御茶の水書房　2015年)

岩　崎　信　彦

　本書は「平成の大合併」を政治社会学的に豊かに実証した力作である。2005年に施行された12市町村合併において、「合併する側」は人口60万人近い浜松市、「合併される側」は遠州北部に位置する人口減少著しい6000人の佐久間町である（いずれも2000年時点）。
　第1章では方法論的考察が行われ、一つは、日本を「開発主義国家」ととらえそのナショナルなリスケーリングが「平成の大合併」であり、それによってローカルスケールの政治過程がどう変化するかを探究すること、二つは、レジーム分析を採用し、地方政府の統治意思決定、行為主体のガバナンス、建造環境の価値増殖や「ちょっとした便益」という政治課題を地域経済や中央政治との関連のなかで立体的に把握すること、がめざされる。
　第Ⅰ部「編入合併する側の「中心」都市―旧浜松市の場合―」では、明治以来、織物、織機、楽器、軍需機械、オートバイ・自動車など輸送機器へと展開した浜松の「複合型産業都市」としてのありようが示され、中核企業スズキの経済のプレゼンスが考察される。そして、浜松市の戦後の産業展開を追いながら「開発主義レジーム」が確立していく経緯が考察され、その「経済界の意向が反映されやすい政治構造」として1959年以降の平山市長5期20年、栗原市長5期20年の市政があった。それが終わる1999年から北脇市長のもとでいよいよ「地方分権改革」が始まるのである。
　1990年代、グローバル化の進行の中で「空洞化」への危機意識が広がり、経済界は「広域経済圏の形成」を構想し、2002年には「浜名湖市」構想を発表した。その課題を託された北脇市長は、「浜名湖市」に天竜市を加え4市6町の合併の「環浜名湖政令指定都市」構想を出した。これに対して、佐久間町など北部遠州の4町村が合併の意向を示したために、2005年に大型合併が実現する。しかし、その後、経済界からはその「クラスター型」合併に対する異論が唱えられ、2007年の市長選では市長交代が行われる。
　第Ⅱ部「編入合併される側の「周辺」山村」では佐久間町の合併への経路が考察される。1896年から王子製紙、古川工業の進出があり、林業と相まって開発がなされた。戦後は、1953年に佐久間ダムが着工となり、ダムによる固定資産税収入をテコに、1956年に4村の「昭和の大合併」によって人口2万人の佐久間町が誕生した。しかし、「外部需要依存的な性格」によって人口減少と財政困難は進み、今回の浜松市への編入合併に至った。
　第Ⅲ部「ポスト「平成の大合併」のローカルガバナンス」では、まず佐久間町の限界集落X自治会（17世帯）における住民自治が考察され、助成金の減額と高齢化・人口減少による担い手不足に挟撃される実態が明らかになる。佐久間町レベルでは合併直前に「NPOがんばらまいか佐久間」が結成され、タクシーやお店など「包括」的な活動を担っていった。一方、合併後に設立された佐久間地域協議会（自治区）は旧町に代わる自治組織であり一定の役割を果たしたが、経済界の意を受けた新市長によって2009年に自治区は廃止され、新し

書　評

い天竜区に統合された。

　結章「「平成の大合併」とは何であったか」では、「国家のリスケーリング」は「開発主義国家の歴史的な経路の所産」であり、浜松のローカルスケールでは「経済界が提唱した「浜名湖市」ではなく、「天竜川・浜名湖地域合併」によって誕生した浜松市は、経済圏と合致せず、資本の地理（スケール）的秩序と国家の地理（スケール）的秩序の間にズレが生まれたことで、そこに新たな「危機管理の危機」が胚胎しているおそれがある」と総括される。

　本書は以上のように、「国家リスケーリング」の視点から克明な実証によって「平成の大合併」の実像をとらえ出している。評者にとって一番印象に残ったのは、スズキが主導するローカルな資本権力が「浜名湖市」をめざしたにもかかわらず、一方でスズキの工場がある湖西市と新居市の合併を取り逃し（その経緯は十分に考察されていないが）、他方で天竜市と北遠4町といういわばお荷物を合併しなければならなかったことである。そして、その合併を「クラスター型」でなんとか実現させた北脇市長は、「一市一制度」による行政合理化を企図する経済界によって次の市長選で追い落とされるのであった。

　この浜松市大合併は、けっきょく何だったのか。スズキなどローカル（あるいはグローカル）資本にとってどのようなメリットがあったのであろうか。他方、住民の生活と自治にとってメリットはほとんどないように見受けられる。本書は「平成の大合併」を「開発主義の所産」であり、また「新しい開発主義」であるという。

　本書では、「開発主義」は「国家が市場と市民社会に強力に介入する」東アジア型であり、ヨーロッパの「ケインズ主義」と対照をなし、日本は東アジア型として位置づけられる。しかし、「「平成の大合併」政策は、ナショナルレベルでは、開発主義国家体制からの脱却をめざす一環で、ネオリベラリズムの政策原理を重要な柱のひとつとして推進された。しかし地方都市では、開発主義からの脱却というより、むしろ開発主義の延長、あるいは新しい開発主義として受け入れられたというほうが実態に近いだろう」(130頁)とされている。これはズレなのであろうか、それとも、主要輸出産業たる自動車企業に対する新たな地域資源の広範囲な開発を保証するための国家レベルの規制緩和と地方の「合理化」というネオリベラリズム政策が呼応しているということなのだろうか。

　ローカルにおけるガバナンスの再生について、旧佐久間町において結成された「住民参加型」「世帯単位」の「NPOがんばらまいか佐久間」は、佐久間町地域協議会の廃止以降も活動を継続している。これまで住民が「役場に頼る」という開発主義の姿勢を断ち切って「自分たちでやる組織」(260頁)として自立していけるかどうか、が問われている。

　評者が調査している大崎市も1市6町が合併して10年目を迎える。鳴子温泉郷と岩出山「あ・ら・伊達な道の駅」の旧町を越えた集客連携が検討され始めたこと、新市への市民サイドからのアプローチで合併直前に結成されたNPOが今年から市の「移住促進プロジェクト」を受託して旧市町それぞれの住み良さ（NPOが支援してきた）やIターン事例を内外にアピールしていること、市の自然・再生エネルギーの開発施策が進められていることなど合併による新たな可能性が開花しつつあることに注目している。「平成の大合併」にかかわる調査研究はこの学会でも多く行われているであろう。今後、いろいろな視角やテーマで検討していくさいに、本書はしっかりした骨組みを与えてくれるものとなるであろう。

書　評

西城戸誠・宮内泰介・黒田暁編著
『震災と地域再生――石巻市北上町を生きる人びと』
(法政大学出版局　2016年)

大堀　研

　本書は、東日本大震災後の宮城県石巻市北上町の復興過程の諸側面について、住民への聞き書きを中心にまとめたものである。第1章で北上町の概要を整理した上で、住まいの復興（第2章）、生業の復興（漁業：第3章、農業：第4章）、コミュニティの再生（住民の活動：第5章、行政・復興支援員の活動：第6章）のそれぞれを検討するという構成となっており、北上町の震災後約5年間の動向が概括できるようになっている。各章は、半分程度の分量が2～4人の住民への聞き書きのパートにあてられ、後半で聞き書きをもととした研究者の考察が続く。この聞き書きを中心に据えるという形式上の工夫が、本書の特徴の一つである。各人の聞き書きには緊張感やリアリティがあり、被災直後の状況やその後の過程について読み手に印象を残すことに成功している。おそらくは断片的であったであろうインタビュイーの発言を、ここまで読みやすく、実感のあるものに整理するのは容易な作業ではなかったと推察する。執筆者たちの労を多としたい。

　一方で、たとえば行政職員の聞き書きは一名分しか掲載されておらず、行政過程の全貌が把握できるようにはなっていない。だがそれが本書の欠点というわけではない。各章の考察部などからは、聞き書きとしてまとめられた人物以外にも多くの者にインタビューを重ねていることが伺える。行政過程に関しても、本書で示されたもの以上に詳細な調査が実施されていると考えられる。本書は北上町の状況を総体的に示すことを目的としているのであって、個々の論点に関しては今後の展開を期待すべきであろう。

　内容についてみていこう。上述したように本書は地域の復興に関連する複数の領域を論じている。その上で本書末尾の「まとめにかえて」において、「復興プロセス全体の構造的な課題」、「復興制度と個人の生活の時間のズレ」、「生業の復興における「強いられた主体化」の意味」、「復興に向けた主体性の醸成とその支援」、という「四つの論点」を提示している。すべてをみる余裕はないので、ここでは二番目のものをとりあげる。

　「復興制度と個人の生活の時間のズレ」は、おもに第2章（住まいの復興）で提示された論点である。北上町では住宅再建にあたって、防災集団移転促進事業（防集）を利用した高台移転が進められ、2015年11月時点で10箇所の高台で宅地造成が進められ153世帯の移転が予定されている。だが当初はもっと多かった。2012年度に防集の実施主体が国から石巻市に移行されたこと、また用地取得の難航などから事業の進捗が遅れ、その間に防集への参加をあきらめ町外に転出する世帯が続発、計画を立て直す必要に迫られるという悪循環が生じた。町外（さらに市外）への転出には、がけ地近接等危険住宅移転事業（がけ近）への申し込みが2012年12月になって開始されたことも影響している。がけ近は防集と違い、災害危険区域からの移転にあたって移転先が防集団地に限定されず、市外への移転であっても助成がなされる。そのため申し込み開始以降、がけ近を利用して北上町外に移転する世帯が相次いだ。

申し込み開始と同時に災害危険区域指定がなされたため、区域内の自宅を自費修繕して居住していた被災者が再度移転するか否かの選択を迫られるという問題も発生した。「変化していく条件、制度のなかで住民は決断をしなければならなかった」(85頁)のである。

これらの問題は、個人や世帯が生活・住宅の早期の再建を望むのに対し、制度の変化・対応のスピードが相対的に遅いことに起因する。制度と個人の時間的な錯綜は平時においても存在しうる。災害という急激な変化は、そうした時間的な錯綜をより明確に照射するということであろう。これは重要な論点でありながら、気づかれにくく、また経験しないとなかなか腑に落ちない事態であるように思われる。この点を説得的に提示したことは、本書の意義の一つといえるだろう。

この問題にはいかなる解決策がありうるのか。当然ながら今回の北上町や他の被災地での経験をまとめ、今後の災害において活かされるよう努力することは必要である。とはいえ災害や被災地には特殊性／個性がある。起こりうるすべての事態に対応しうるような制度を設計することは不可能であろう。とすれば、結局は制度の漸進的な改善を期待するしかないのであろうか。第2章の考察部では、行政が住民のニーズに応えるべく制度を整えてきた点を評価しつつも、「暮らし全体をみてこなかった」と指摘している(95頁)。住宅、生業などの復興事業、震災前から問題のあった雇用や教育に関する施策などを総合的に勘案すべきとの指摘である。妥当であるが、各地の復興計画などでは課題が網羅的にとりあげられており、行政も総合的に対処することを意識していなかったとはいえない。そうであるにも関わらず「全体をみられない」とすれば、何がその要因なのか。これは執筆者たちだけでなく、被災地に関わる研究者に広く開かれた問であろう。また、制度の時間と個人の時間の錯綜が、諸課題の総合的な勘案によって解消されるのかもそれほど明らかではないように見受けられる。これもまた、被災地研究者の全体で考えるべき課題であろう。

「まとめにかえて」では、「実践的な社会調査」についても議論が展開されている。執筆者の多くは震災前より北上町で調査を実施しており、その実績から震災後の高台移転のワークショップにおけるファシリテータを要請され、また大学生向け被災地ツアーを企画・実施するなどしてきた。そのような参与観察的あるいはアクションリサーチ的な実践は客観性を損なうかもしれないとしつつも、震災研究では調査のための調査にはセンシティブになるべきであり、「学問的な議論を展開する以上のものを私たちは作り出さなければならない」というのが執筆者たちのスタンスであった、と述べられる(359頁)。

「調査のための調査」に対しては、特に災害時には注意が必要というのは妥当だが、平時においても必要ではある。逆に、被調査者への還元が十分に意識されていれば、アクションリサーチ的実践を伴わなくとも、社会的意義のある災害研究・調査は可能と評者は考える。もちろんアクションリサーチにも意義はあり、学問的困難にも関わらずそれに挑んだ執筆者たちの姿勢は貴重である。また今後、同様の実践が社会学者に求められるシーンは増えていくのではないかとも予想する。その意味で執筆者たちには、北上町でのアクションリサーチ的実践についてのさらなる公表を希望したい。本書では実践についての記述は限定的であった。その成果や限界点、要因などについて紹介されれば、今後地域社会学者が実践を展開するための重要な参照点となるはずである。この点も含めて、今後の研究の進展をまちたい。

書　評

吉原直樹著
『希望と絶望——福島・被災者とコミュニティ』
（作品社　2016年）

高木竜輔

　この著作は、福島第一原子力発電所の事故により全町避難を余儀なくされた大熊町の被災者を対象に、フィールドワークに基づき避難者ならびに自治会・サロン活動のありようについてまとめられたものである。本書の内容を簡単に紹介しておこう。

　本書は第一部、第二部ならびに結章から構成され、第一部では長期避難を余儀なくされる大熊町民の置かれた状況を、被災者を取り巻く構造との関係で紹介している。事故により直面する故郷喪失の内実、町政懇談会に見られる被災者の苦悩、避難先の会津で立ち上がる被災者組織、除染廃棄物を長期保管するための中間貯蔵施設の建設がはらむ矛盾などから、被災者が直面する困難を明らかにしている。

　第二部では、第一部の議論を前提として、原発被災者が「コミュニティ」への期待を梃子にして再編される様子を描き出している。著者によれば、震災前から避難地域にコミュニティは「あるけど、なかった」にもかかわらず、「元あるコミュニティをそのまま移動する」という方針のもと、仮設住宅に「国策自治会」が上からのガバメントにおいて組織されたという。しかしその「絶望的な」状況のなかで著者は被災者のサロン活動に希望を見いだす。「創発するコミュニティ」としてのサロン活動を、創造的復興という名の新自由主義的復興に対抗す主体ととらえ、その可能性を検討する。また、それを下支えするものとして「コミュニティ・オン・ザ・ムーブ」という概念を提起する。そして結章において被災者を支える「地域専門家」の存在を紹介している。このような大熊町への調査から、翻ってわれわれが生きる「社会のありよう」を問うている。

　以上が本書の全体的なストーリーであるが、これは前著『「原発さまの町」からの脱却』（2013年）と基本的に同じ枠組みであり、震災以降の調査に基づく続編である。

　さて、評者は福島にいて微力ながらも原発事故に直面する避難者／被災者に対して継続的に調査研究をおこなってきた。その立場から本書を読んだ際、長期避難を余儀なくされた原発被災者に対する調査から被災者の共同のあり方とその困難を明らかにするという作業はまさに地域社会学が引き受けるべき重要な問いであり、それを正面から受け止め、調査してきたことはきちんと評価すべきである。とはいえ、そのことを踏まえた上で、この著作で描かれた調査の内容ならびに主張を、評者としては受け入れることはできない。

　その大きな理由は、本書の議論を展開する前提としての、調査結果に対する著者の解釈・認識にある。評者からすれば、議論の大前提である「（コミュニティが）あるけど、なかった」という著者の認識について、到底受け入れるわけにはいかない。約20〜30ケースの事例で、震災前には「もともと大熊町にはコミュニティが無かった」と言い切るのはあまりにも乱暴であると言わざるを得ない。前著での主張されたこの点に関する指摘に対して著者は「機能面から見ている」と理由を述べているが、「想定していなかった」原発事故からの避難

において行政区長が声をかけなかったこと（＝著者のいう機能面からの理解）が、コミュニティが存在しないことの証拠とするのは、やはりおかしいと言わざるを得ない。加えて、自治会が機能していなければ「（コミュニティが）あるけど、なかった」と主張していいのだろうか。そもそも、自治会だけが「コミュニティ」なのだろうだろうか。

また、仮設住宅における自治会を「国策自治会」として位置づけることについても、過剰な読み込みだと思わざるを得ない。たしかに当時の国交相の発言はある。加えて行政が主導して自治会を組織していることもその通りであろう。とはいえ、「こうした自治会は上述の国の意向に沿う、それ自体、ガバメント（統治）に馴致したものである」(183p)というのは明らかに言い過ぎであろう。これまでの調査研究においても、仮設自治会といってもその活動内容や考え方にはかなりの幅があることが明らかになっている。「国策自治会」という用語を用いることは、自治会の活動に対して単純な構造論的理解であると言わざるを得ない。それ以外にも疑問に感じる記述があるが、紙幅の関係から上記の点にとどめておく。

なぜ、このような認識上の問題点が出てくるのか。それは、著者がコミュニティをめぐる自らの理想＝「創発するコミュニティ」の可能性を検証することに力点が置かれているためであろう。「（コミュニティが）あるけど、なかった」けど、「国策自治会」が作られつつある状況を新自由主義的＝ショック・ドクトリンに基づく復興ととらえ、そのことに対置する形で「創発するコミュニティ」の有効性を示していくことが本書の基本枠組みである。だからこそ「（コミュニティが）あるけど、なかった」となり、「国策自治会」という形で仮設住宅での自治会活動が否定されることになる。とはいえ評者には、そのために現実の姿を歪めて認識しているとしか思えない。

原発事故を踏まえて地域社会学としてまず明らかにすべきは、被災者がつくるコミュニティ形成の実態を（避難元／先）地域の社会構造との関係で理解することであろう。原発事故によって町外への避難を余儀なくされた被災者が、避難先において、どのような条件のなかで、どのようなコミュニティの構築を可能にしているのか、その点を明らかにすることが重要であろう。その結果として、もし仮に仮設自治会が「国策自治会」であったとしても、避難者が避難元の住民とのつながりを取り戻せたと感じたのなら、それはそれでいいことではないのか、という判断もあるはずだ。

さらに重要なのは、過去・現在の震災に関する実証研究を踏まえて、被災者がコミュニティを自らの力で、自らの選択で作り出すための、制度的な支援のあり方を探求することであろう。原発事故による被災者が帰還を選択しようが移住を選択しようが、さらには「待避」（舩橋晴俊）を選択しようが、その生活再建において不利益が生じないようにすることの重要性が日本学術会議社会学委員会で確認されている。そうであれば、原発避難者がつくりだすコミュニティのあり方についても多様な選択肢が用意されているべきだろう。

以上の指摘は、ひょっとしたら著作の論旨からすれば些末なことかもしれない。ただし、地域社会学による震災研究が何のためにあるのか、いま一度立ち止まって確認すべきではないのか、ということを評者は強く感じた。著者のいう震災復興の背後に潜む暴力性を被災者の目線から相対化して見せること、そのことは実践面ではあまり役に立たない社会学にできることである。ただしそのためには、緻密な実証に基づくデータの積み重ねが必要である。

書評

新原道信編著
『うごきの場に居合わせる——公営団地におけるリフレクシヴな調査研究』
(中央大学出版部　2016年)

麦倉哲

1　単純ではないコミュニティの課題

　2003年の頃、私は、地域社会の難問を解決する住民自治を礼賛するテレビ番組を観ていた。その1つに、外国人居住が進む団地の難問に取り組む自治会が、国連の会議を模して各国代表を集め、生活習慣の違いから起きる諸問題に対処している様子が映し出されていた。私は単純に感心していた。しかし、本書の編著者である新原は、テレビクルーと同じ現場に居合わせて、全く別の危機意識を抱いていた。同じ団地で何年もの時間をかけステップを踏んで、参与型の観察調査研究を続けていたのだ。本書を読むと、テレビで取り上げられたドキュメントが一面的であり、団地の中には様ざま痛苦を感じている人がいて、またその痛苦を軽減するための多様な取り組みが模索され実施され、その中で筆者らによるプロジェクトが進行したことがわかる。

2　うごきの場に居合わせる

　本書は、イタリアの社会学者A. メルッチが提唱する「惑星社会（planetary society）」論を現代社会の認識の基礎とし、そこに生ずる社会問題に応答することを主題としている。惑星社会という研究枠組みは、資源が無限であることを前提として、開発や消費を拡大していくグローバルな社会と対向をなすもので、自然や資源の有限性や極度にシステム化した社会の統治性の限界に着目する。3.11以降、惑星社会学という視座は、有効性をより一層増している各種のリスクと向き合わなければならない。資源の有限性を前提とする惑星社会では、社会問題は、個々人の社会的痛苦として現れる。それとどのように向き合い、対応できるのかについて、「未発状態で生起する社会文化的プロセス」ととらえる。

3　研究方法論

　本書は大きく、理論編と実践編に分けられ、実践編は7章に分けられる。まず本書は、研究方法論であるという印象が第一である。しかし、第二に、モノグラフとしての集大成の書である。研究方法として新原らは「異境の地に降り立ち、うごきの場に居合わせ、拘束され続けることを、複数の人間が切り結びつつすすめていくという営みをふりかえり、実はそこに芽吹いていた、『オルタナティヴな材源を探し回り、埋もれた記録を発掘し、忘れ去られた（廃棄された）歴史をふたたび生かす』ことを主要な責務としている」(p.6)。新原は、メルレルやメルッチとともに、認識論や方法論を創り上げようと、「『諸関係の微細な網の目』の社会文化的プロセスに居合わせることが出来る「舞台（プラットフォーム）」づくりを行い、その舞台裏で生起したことがら（失敗や葛藤、衝突など）も含めて、長期にわたって記録・記憶していくという方法」(p.418)を打ち立て、それを実践した。そのなかで、構想すべき学問の構えとしては、「よりゆっくりと、やわらかく、深く」「より耳をすましてきき、ささえ、たすけあう」(p.524)ことである。

4　モノグラフ

書評

　本書は、団地自治会の役員たちや、地域福祉・ボランティアや地域行政にかかわる人たちをも登場人物としつつ、研究プロジェクトの側に主として焦点を当ててまとめあげたモノグラフである。実践編の1章では、団地を舞台とする団地役員や地域関係者の一人ひとりが紹介される。新原が「世間師」や「名代」と呼ぶ、調整役やつなぎ役の面々である。2章では、行政が設置し新原が座長をつとめた「在住外国人生活支援活動研究委員会」が考察される。3章と4章では、団地側の要望に応える形で実施された「日本語教室」「子ども教室」「生活相談」の取組みの推移が、中里により著されている。行政主導の「研究委員会」から脱するかたちでの湘南プロジェクトが構想され、日本語学校等の場が開設され、その場が質的に変遷していく様子がうかがえる。団地の集会室を利用し、プロの教師による日本語教室がスタートしたものの、途中から外国人自身自らが決定に関わり、中里やボランティアが運営していく教室へと変遷する経過がリフレクシブに考察されている。プロジェクト内部の軋轢や、団地内の外国人当事者の主体的かかわり、移動民の子どもたちが社会のオペレーターに育っていく面などが考察されている。対象となる地域社会の中には、潜在的なさまざまな可能性が秘められていた。自分たちのチームが取り組んだアクションがなんらかの結果に結びついた面もあり、潜在的な可能性があった面もある。対象となる公営団地には、「未発のコミュニティ」から「未発の……大虐殺」までの可能性が含まれている。すべてが、「共生の作法」へと発展していくとは限らない、うごきのある場に身を置き、研究者たちは一定の参加や介入を実践し続けたのである。

5　舞台裏

　本書では、プロジェクト遂行の舞台裏をも、ある程度の範囲であきらかにし、リフレクシブな研究分析の対象としている。その中で、FnくんやKtさんは、このプロジェクトのメンバーとして人生の貴重な期間を投じ、地域社会のもつ痛苦の縮減のために尽くしつつ生涯を閉じている。金辻野は、自分の人生史と照らし合わせている。中里は、うごく場に居合わせて実践を続けているようだ。プロジェクトの舞台上や舞台裏では、さまざま人生が展開し、未発の可能性に取り組んだドラマが浮かびあがってくる。私もそのような、舞台をつくり立ち会ってきた。東京・山谷で20年間、いまは三陸沿岸で6年間、自分で選んだ場所で研究メンバーをゆるやかに形成し、関与型の調査を継続してきた。プロジェクトの中の親和的な仲間たちに支えられてきた。自分自身の研究プロジェクトも、リフレクシブな研究の対象にしていきたいと感じた次第である。

6　印象に残るシーン

　私がいちばん心に残る一節は、「在日外国人生活支援活動研究委員会」の第3回の会合で、「『来るな』と言われるまで、何年でも何十年でも通い続けますよ」と新原が述べた下りである。その時点から、行政の用意した枠組みを超えた「湘南プロジェクト」が始まった。うごきのある場に足を運んだ新原たちは、ポジティブな方向性での「未完の」展望を実現しようとしたのである。もう一つは、「そんな気持ちでくるなら、やめたほうがましです」と新原が中里に言ったシーン。私自身、自分の掲げたプロジェクトに多くの人を巻き込んでいる。そして、巻き込んでしまったことを省察することがある。本書は研究チームの微妙なずれのシーンも含めている。そこに惑星社会学の奥深さを実感するのである。

書評

広田康生・藤原法子著
『トランスナショナル・コミュニティ──場所形成とアイデンティティの都市社会学』
(ハーベスト社　2016年)

二階堂裕子

　グローバル化が進行する今日、私たちが日常生活のなかで「差異」や「異質性」をめぐる現象に直面する機会はますます増加している。本書は、政府や企業などのいわゆるエグゼクティブな「グローバル行為者」ではなく、「普通の人々」による「日常的な政治、経済的実践、文化的な実践」(p.16)としての国境を越えた移動や「場所形成」に焦点を当て、こうした「差異」や「異質性」の諸相を描き出そうとした論考である。国境を越えていくつかの場所を結んで形成される「トランスナショナル・コミュニティ」には、人々の越境を支える「結節装置」としてのエスニック施設が開設される。これら「結節装置」を起点とした「場所形成」の過程で、越境者がいかにして自らの生きる場所を獲得し、そこでどのように「共生」を模索するのか。こうした問題関心のもと、本書では、「トランスナショナル・コミュニティ」における「場所形成」と、越境者および彼らに先行する定住者の「日常的実践」やアイデンティティの関係を論じたうえで、その知見が意味するものを都市エスニシティ論における議論と関連させつつ考察することを目的としている。

　次に、本書の概要を示したい。本書は全3部から構成されている。まず第Ⅰ部では、あとの第Ⅱ部で提示されるフィールドノートを読み解くための道標として、本研究が依拠する「下からのトランスナショナリズム論」の論点を以下のように整理している。非政府組織や個人のトランスナショナルな主体的実践は、「トランスナショナル・コミュニティ」で越境後の生活を再組織化することによって成立する。そして、越境者が「トランスナショナル・コミュニティ」を形成するために「場所」を獲得しようとする過程では、彼らの「異質性」にもとづく排除や抑圧に直面すると同時に、「場所の意味付け」や出身国文化などの「記憶」が想像力豊かに利用され、ときにホスト社会の人々も巻き込みつつ、共同体的なアイデンティティが想像／創造される。

　続く第Ⅱ部では、「トランスナショナル・コミュニティ」における「場所形成」の実践とそこに関わる人々のアイデンティティ形成の状況を丹念に記述している。第2章では、明治期より山口県周防大島の沖家室から布哇ホノルルの多民族が混住する推移地帯へ移住した人々が、多民族協働のもと、コミュニティを形成していく過程を描き出し、続く第3章では、その過程において、人々の移動経験とその記憶を背景としながら、現地の「移民宿」が複数の場所を繋ぐ装置として、人々の移動を支えたことを論じた。第4章と第5章は、群馬県大泉町における日系ブラジル人と受け入れ社会による「場所の政治」を取り上げている。第4章では、当該地域の理念が「多文化共生」から「秩序ある共生」へと移行する過程を、また第5章では、「移民1.5世」が出生社会と移動先社会の両方によって社会化される存在として、アイデンティティを形成していく状況を、それぞれ明らかにした。さらに、第6章では、東京の新宿大久保における旧住民と新来住者の外国人が、「場所形成」をめぐって衝突する一方

書　評

で、ビジネスを媒介とした「共存」を模索している現状について記述している。最後の第7章では、ニューヨークのイーストビレッジを舞台に、ゆるやかな関係で取り結ばれ、なおかつ外部社会に開かれた日本人コミュニティの「場所形成」の実践について描かれている。

　最後の第Ⅲ部では、第Ⅱ部で取り上げたフィールドワークによる知見をふまえたうえで、本研究が都市社会学的なエスニシティ論の研究蓄積に対し、いかなる貢献をなしうるかについて検討を加えている。越境者の移住先社会における「場所形成」にともない、越境者と彼らを受け入れた「共振者」の実践による「脱構築」が生じる。著者は、こうした「差異に開かれたコミュニティ」への着眼により、都市エスニシティ論の主要なテーマのひとつである「統合」と「共生」のジレンマを超える手がかりを提起することができると論述している。

　ここで、本書に関して、評者の見解を以下2点ほど述べたい。

　まず、「初期トランスナショナリズム」の位置づけについてである。第2章と第3章では、明治・大正期の布哇移民を「初期トランスナショナリズム」として捉え、越境者の「移動の記憶」あるいは「記憶の想像的利用」が、布哇ホノルルの日本人街の形成に果たした役割について論じている。こうした戦前の移民による移住先での「場所」の獲得を、「日本人特有の『初期トランスナショナリズム』における「場所形成」の特徴」(p.91)と述べるならば、そうした実践がなぜ「日本人特有」と言えるのかについて解説が必要ではなかったか。また、「戦前」の「初期トランスナショナリズム」は、第4章から第7章までで取り上げられた、「戦後」から「現代」までの群馬県大泉町やニューヨークのイーストビレッジにおける「トランスナショナル・コミュニティ」の形成とどのように異なっているのか、あるいはいかなる関連があるのかについても判然としなかった。

　2点目は、越境者と彼らを受け入れた地元住民である「共振者」の「共生」関係についてである。著者らは本書を通じて、奥田（道大）都市社会学の議論を土台としながら、「日常的実践」における個人の主体性に焦点を合わせつつ、「生き方の知恵、戦略として、微妙な距離感と境界を内在させながらも、住み合う実態」(p.236)としての都市コミュニティのありようを提示しようとした。こうした「日常的実践」への着目は、「外国人労働者という政治経済学的な構造上の位置づけからは見えてこない」(p.236)部分を浮き彫りにする試みであり、本研究の出発点でもある。しかし、本書が対象とした移民による「日常的実践」は、本国との往来や家族の呼び寄せが可能で、希望すれば永住化や定住化も認められている「在留資格」が規定するところが大きい。例えば、同じ越境者である「外国人技能実習生」の場合、日系ブラジル人のような「トランスナショナル・コミュニティ」を形成することは困難であり、技能実習生と地元住民の「共生」の条件は、本書が提示した知見とは著しく異なるものとなる。そうした移民政策のあり様にふみ込んだ論究を加えることによって、本書が主題とした、上からの支配や統制をかいくぐるための「主体的実践」を、より重層的に描き出すことができたのではないか。

　都市エスニシティ研究の蓄積が進む今日、異質な人々が混住する都市という空間において、どのような「共生」のあり方が可能であるのかを、本書のような個人の実践やアイデンティティから検討することはもちろん、地域社会の構造および国家や市場の原理もふまえて、さらに多面的に議論する時期にある。言うまでもなく、そうした論究が都市のコミュニティ論に与える示唆も少なくないだろう。本書は、その先鞭を着けた研究として、意義がある。

-122-

書評

徳田剛・二階堂裕子・魁生由美子著
『外国人住民の「非集住地域」の地域特性と生活課題――結節点としてのカトリック教会・日本語教室・民族学校の視点から』
（創風社出版　2016年）

伊藤泰郎

　本書は、地域社会の多文化化について「非集住地域」に着目して行われた著者らの研究をまとめたものである。本書の冒頭では、著者らがこうした研究に着手した背景として、調査地を関西の大都市圏から中四国の地方都市に移した際に、「これまでの多文化社会の（「集住地域」中心の）捉え方では目下の現象をうまく説明できない」という実感があったことが述べられている。

　本書が指摘するように、これまでの研究は大都市部や日系人が居住する「集住地域」を対象にしたものが多いことは確かである。外国人居住者の増加や変化にともなう新たな動向は、「集住地域」において他の地域よりも早い時期に明確な形で現れることが多いし、それゆえに外国人居住者を支援する先進的な取り組みも多いため、そうなるのも当然であろう。評者は同じ中四国の広島県を対象に外国人居住者・労働者の研究を行っており、著者らの実感は分からなくもないが、「集住地域」以外をフィールドとする場合、「集住地域」にはない特性を見出した上で問題を設定しなければ、既存の研究の単なる後追いにしかならない。本書が試みた「非集住地域」という設定は、果たしてどの程度有効なのであろうか。

　本書は序章と補論を含めた6章で構成されている。序章（徳田）では、「集住地域」を対象にした先行研究や滞日外国人数の動向に触れつつ、「非集住地域」の概況や研究上の着眼点が簡単にまとめられている。第1章から第3章は、3名の執筆者がこれまで関わりを持ってきた「非集住地域」やそこに住む当事者たちを「素描」した事例研究である。これらの章は、外国人住民の「結節点」に注目する。第1章（徳田）が調査対象としたのは、愛媛県（松山市・今治市・伯方島・宇和島市）において開かれ、主にフィリピン人が集まるカトリック教会の英語ミサである。参加者に対して実施した量的調査の分析も行われている。第2章（二階堂）は、地域の日本語教室を「結節点」として取り上げているが、主にベトナム人技能実習生の日本での就労経験について、聞き取り調査をもとにまとめている。第3章（魁生）では、松山市の四国朝鮮学校の歴史や活動が紹介されるとともに、学校を「結節点」とする在日コリアンのコミュニティについて詳述されている。

　第4章（徳田）では、第1章から第3章において得られた知見を踏まえつつ、序章で触れられた「非集住地域」の地域特性に関する考察がさらに進められる。その際に重要な先行研究として挙げられているのは、武田里子の『ムラの国際結婚再考』と東日本大震災下の被災外国人を扱った大村昌枝の論考である。ここでは、「エスニックなつながりや支援組織等によって提供される社会関係資本やセーフティーネットの心もとなさ（あるいは欠如）」を「非集住地域」の地域特性として指摘しつつも、外国人居住者が「「個」の単位で地域のマジョリティ住民と向き合っている状況」に置かれることが、「顔の見える関係」が構築される

端緒になり得る「ポジティブな側面」として評価される。

補論（徳田）は、『3・11の社会学』に掲載された金明秀の論文「「東北発多文化共生」をめぐる「認識の衝突」について」を取り上げ、この論文の批判対象に第4章で依拠した武田と大村らの言説が含まれているとして、金の問題提起への応答の試みとして書かれている。

本書のねらいは、「「非集住地域」の地域状況や活動のあり方をまずはひとまとめにしよう」とした点にあり、提示された論点も今後さらなる検討が必要であると述べられている。「非集住地域」という用語自体、本書では「「集住地域」の対抗概念であり残余カテゴリーとも言える」としており、議論の余地を残している。萌芽的と言える本書の研究について、評者なりに論点を整理して考えを述べていきたい。

著者らは「集住地域」と「非集住地域」では民族的マイノリティやそのコミュニティのありようの「何かが根本的に違っている」とするが、その「何か」として序章で提示されているのは、「地元住民」と外国人居住者との関わりが集団間関係の様相を呈するか否かである。こうした様相を呈する「集住地域」では、「外国人」の姿は「可視的」であり、ホスト社会側からは行政や地域住民組織、ボランティアやNPOなどの「市民活動」によって政策的・組織的な対応がされていくとする。外国人居住者の側も、同じ立場の人たちによって「自助的なネットワーク」を形成して連携したり助け合ったりする。

しかし、「非集住地域」においても集団間関係の様相を呈することがあることは、本書でも取り上げられている。今治教会の英語ミサが実現する過程で「外国人が増えるのは好ましくない」という意見が出たという事例が紹介されており、東日本大震災の被災地において地域外の支援活動が入ることにより「「エスニック集団」として目立ってしまう」ことの問題が論じられている。何らかの契機によって「外国人」の姿は可視化されるのである。

可視化された場合に問題となるのは、第4章で言及されている「日本人住民と外国人住民の力関係」だと思われるが、これが外国人居住者から見て「著しく不均衡」であること、さらにはこうした状況に「「個人」あるいは「小集団」として向き合うような形をとる」ことが、著者らがひとまず設定した「非集住地域」の特徴であると言える。

このように整理していくと、今後議論していくべきいくつかの点が見えてくる。第一に、両者の力関係が不均衡である状況は「集住地域」でも見られることであり、集住の程度を問わず外国人の居住地域において共通した問題であることをどのように考えるのか。「著しく不均衡」な状況は、外国人居住者の数が少ないことによって必然的にもたらされるとは考えられない。外国人居住者が地域社会に流入する歴史的な経緯、就労や生活のあり方によっても異なるであろうし、受け入れる側の異質性の受容度も地域社会によって異なる。

第二に、「非集住地域」における「結節点」をどのようなものとして考えるのか。もう少し言葉を補えば、「結節点」が存在することによって外国人居住者の存在が可視化され、集団間関係の様相が立ち現れてくるのではないか。本書の第4章以降では「散在地域」という用語が新たに使用され、外国人居住者が「「個」の単位で地域のマジョリティ住民と向き合っている状況」について主として論じられているため、「結節点」が成立し得る程度の外国人居住者の人口規模がある状況については、あまり議論が深められていない。

本書が提起した課題は、今後取り組むべき価値のあるものである。評者にとっての課題であることも述べつつ、著者らの今後の研究の展開を期待したい。

書 評

三浦倫平著
『「共生」の都市社会学――下北沢再開発問題のなかで考える』
(新曜社　2016年)

山本唯人

　社会学の研究には、同時代に起る出来事の学術的なドキュメントを生産する役割と、その対象となる出来事との対話を通して、現実を説明するための理論的枠組みや方法を検証し更新していく役割がある。この二つの課題を生産的なかたちで関わらせ、一つの著作のなかで達成することは難しい。本書は、この野心的な課題に、2000年代以降、東京都世田谷区の下北沢で起こった再開発問題を事例として取り組んだ研究である。

　序章は本書の課題と対象、第1-2章が理論と方法の検討、第3-6章が再開発をめぐる紛争の実証的分析、第7章が結論になっている。

　序章では、「近年の都市紛争を共同性の危機として捉えていくため」のキー概念として、「共生」が提示され、「異質な要素同士の共存から、相互理解などを経て、共に生きていくことを可能にする社会を新たに形成していく動き」と定義される。

　第1-2章では、「共生」という主題を「都市空間の危機的状況」と関連付けるための理論的枠組みが、シカゴ学派から新都市社会学、現代の都市理論、日本の住民運動論などを広範に参照しながら検討される。特に、1970年代、テーマが拡散すると同時に、都市社会学に固有な理論的対象を見失っていった「都市社会学の危機的状況」に対するカステルの批判をアクチュアルな問題意識として確認し、都市社会学の対象を原理論的に再構築する必要を提起する。

　こうした目的のために、本書で主に採用されるのは、「アクティヴ・インタビュー」の方法である。「アクティヴ・インタビュー」は人類学に由来する方法論だが、著者は「中野-似田貝論争」などを参照しながら、その特徴を「研究者とインフォーマントが互いに能動的に関わり合い、情報を構築する」点にあるとする。

　原理論的な構造認識と「アクティブ・インタビュー」によって明らかになる経験的世界を媒介する役割を果たすのが「意味世界」である。「意味世界」は「社会」と「空間」の重層的な絡み合いによって構成され、理念的存在であると同時に、経験的に把握可能な「社会・空間的構造」を背景として成立する存在でもある。特定の「意味世界」に対応する後者の側面は「社会的世界」として把握される。

　本書の前半のかなりの分量を使い、都市社会学の対象をめぐって、学史を広範に参照して行われた原理論的な考察は、それ自体、本書の重要な成果の一部といえるだろう。

　こうした理論的道具立ての下で、本書は、「紛争」の中心的担い手の一つである「Save the 下北沢」が結成された2003年12月から都市計画事業認可による「挫折」、保坂展人区長誕生以降2014年ごろまでの動きを「3期」に時期区分し、①紛争の経過と達成すべき「共生」の構想が分立する経過(第3章)、計画推進側の「意味世界」が成立する社会-歴史的背景(第4章)、やがて、③「共生」の構想が「三つの政治的構想」に整理されていくことが、分

書　評

析によって明らかにされると共に（第5章）、④それらの構想の「共存」状態の維持が著者の規範的立場として示される（第6章）。

　文字数の都合で一つ一つ論及できないが、本書では、「共生」と「意味世界」の概念を軸にこうした論点に関わる豊かな分析が展開されており、紛争の段階的経過や諸主体・諸構想、その背景となる社会的世界の構造を明らかにしたことは、本書における第二の重要な達成である。

　分析結果をインタビュー対象者にフィードバックし、その指摘を受けて、著者の規範的立場を反省的に再構築するプロセスが記述された第6章は、調査のプロセスそのものを、その結果と共に公共化していく、「アクティブ・インタビュー」の意義を象徴している。

　以上を確認した上で、いくつかコメントしたい。

　第一に、本書ではカステルの都市構造／都市社会運動論の批判的継承が主題の一つになっていると思われるが、そうであれば、通常なされることの多いマクロな都市構造論や歴史段階論的な都市構造モデルへの論及があまり行われていないのはなぜだろうか。

　カステルの構造論については、『地域と自治体第17集』『都市社会運動の可能性』特集（1989年）、2006年、町村敬志などによる首都圏市民活動調査の一部など、実証を伴いながらそれなりに深められ、近年では、ブレナーなどの「新自由主義都市」モデルが議論されてきた経過もある。下北沢再開発は、おそらく、2000年代以降の「都市再生」や都政／都市空間のガヴァナンス再編などとも関わっていると思われるが、歴史段階的な議論への論及が希薄な本書からは、こうしたマクロな文脈とのつながりがあまり見えないように感じた。

　第二に、上記と連動して、1980年代以降の社会運動論では、本研究の舞台となっている東京都心西郊の住宅地は、しばしばホワイトカラー中心の住宅地として表象され、生活クラブ生協などに代表される「新しい社会運動」の集積地として論及されることが多かった。2000年代・下北沢に顕在化した今回の紛争はそれとは歴史-社会的に異なる地層の上に展開していると思われ、こうした新たな性格を持った紛争の登場とその背景となる歴史-社会構造的な変化との間に何らかの関連を読み込めるとすれば、その内容を聞いてみたいと思った。

　第三に、本書のキー概念となる「共生」は「現代の都市問題」を捉えるための「原問題」であるとして、きわめて原理的な位置づけを与えられている。この概念が、例えば「公共性」や「共同性」など本書が批判的に対峙した他の経験／規範的概念と同じようなレヴェルの原理性を持つかどうかは、率直に言って本書だけからは即断できないと感じた。下北沢の紛争を捉えるにあたりなぜ「共生」という概念が選ばれたのか、その著者なりの理路のようなものをもう少し説明してほしいと思った。

　最後に、本書は多分に政治社会学的な研究との接点を持ち、例えば保坂区政誕生以降の展開などについては、広く住民を対象にしたアンケート調査を併用すべきだったのではとの感想がありうるだろう。評者としては、何でもやればいいというものではなく、むしろこうした主題について、「アクティブ・インタビュー」という手法を一貫させるところから見えてくるものは何かという点に関心がある。この方法の限界とそれを意識することによって見えて来る可能性やこの方法によってこそ掘り下げるべき主題とは何かという点についても議論してみたいと思った。

書 評

大倉健宏著
『ペットフレンドリーなコミュニティ ―― イヌとヒトの親密性・コミュニティ疫学試論』
(ハーベスト社、2016年)

徳田 剛

　本稿で取り上げる大倉健宏著『ペットフレンドリーなコミュニティ－イヌとヒトの親密性・コミュニティ疫学試論』は、人とペットの関係、およびペットをめぐる人間関係や地域生活を「社会調査」と「疫学」の方法の併用によって経験的に捉えようとする意欲作である。同書の主眼は、調査方法論としての「コミュニティ疫学」の提示（1・2章）、米国のドッグパーク来場者および日本の動物病院通院者を対象とした調査結果の概説（3・5・6章）、それを基にした「ペットフレンドリーなコミュニティ」の構成等についての仮説提示（4章）の3点に置かれている。本稿では、「コミュニティ疫学」という調査方法論の評価を中心に論評を加えたい。

　「ペットに関する調査研究を社会学の立場から行う」にあたっては、以下のような独特の「難しさ」があるように評者には思われる。調査対象者や情報提供者の中には動物の生態や飼育方法等にかなり詳しい方々が含まれるので、調査者の側もペット（動物）についての一定の専門知識を持ち合わせておくことは必須要件といってよい。加えて、ペットの飼育状況の機微について詳細に聞かれることに抵抗感を覚える飼い主も少なくないため、調査協力がなかなか得られにくい現状がある。こうした事情を鑑みると、面識のない飼い主との対面形式による米国での調査において、限られた日数で76件の調査協力が得られたことは、評者のペット飼育者への調査経験からしても驚嘆すべき成果と言える。

　フィールドノート（6章）にも散見される調査協力者のポジティブな反応は、本調査が「獣医学系大学の教員・学生による疫学調査」であることによる部分が少なくないのではと思われる。通常の社会調査ではまず用いられることのない「唾液採取とPCR分析」の手法などが用いられ、多くの調査協力者が「分析結果を知りたい」との意思表明をしている。著者が「飼い犬の歯周病について情報を得たいという関心が調査協力を具体化した」と評価しているように、「疫学調査」の導入が調査の科学的信頼性を高め、ペット調査に付随する問題の1つである「調査協力者とのより良好な関係の構築」に大きく寄与したと言ってよいだろう。

　しかしそれと同時に、「コミュニティ疫学」の方法が社会調査にもたらす分析上の効果についても検証が必要である。著者によれば「疫学」とは、「人間集団における疾病の分布とその発生原因を研究する科学」であり、具体的には「集団の健康レベル（疾病現象）を測定し、その原因を証明するとともに予防対策を立案し、その効果を評価する」方法論である（33頁）。そして、同書で提唱されている「コミュニティ疫学」では、「社会学的な調査手法である地域調査と、疫学的な調査を地域レベルで併用し、PCR分析というDNAレベルでの分析を絡めながら、ペットフレンドリーなコミュニティの条件を実証的に明らかにする」ことが目指されている（14頁）。

また、疫学の方法は疾病の分布状態を記述する「記述疫学」と、その発生原因の分析を行う「分析疫学」に大別できるが、社会調査法と対比するならば「記述疫学と分析疫学は、社会調査における事例研究と統計研究という位置づけにおいて理解できる」(34頁)とされる。とりわけ記述疫学は、個人の選択や疾病の発生を左右する個人の属性や社会環境要因などの「地域調査と同一の対象」を、「きわめて近接する、異なるルートからアプローチする」ものとして位置づけられている(36頁)。しかし逆に言えば、疫学の導入によって社会調査の弱点の克服や補強を企図するのであれば、自然科学の方法で疾病の発生要因を突き止めていく分析疫学の手法が、地域調査の実施に際して"うまくなじむかどうか"が重要なポイントとなってくるであろう。本調査の中でその重責を担っているのは、飼い主とペット双方の唾液採取とPCR分析による歯周病菌の保有の検証作業である。

　実際に本調査において疾病の「マーカー」としての役割を与えられているのが、歯周病菌C.rectusである。この菌が飼い主とペットの両方から検出された場合には人獣間の感染が遺伝子検査のレベルで実証され、さらに他の変数との関連性を見ることで飼い主とペットの関係性の一端を科学的に示すことができる。しかし、PCR分析によってこの菌を保有していることが判明した飼い主は72件中44件(61.1%)であるのに対し、飼い犬からも同じ菌が検出された事例はそのうちの2件(4.5%)という結果にとどまっている。同書では3章の3において飼い主と犬の両方に菌の保有が確認された2件の事例について詳述されているが、ここから一般的な知見を導出するにはサンプル数の不足は否めないところである。その一方で、菌保有者のグループ中、「歯周病菌があると思う」と答えた人が44件中7件、「ないと思う」と答えた人が35件であり、菌の保有について多くの飼い主が自覚していないことが立証されており、歯周病ケアや治療への意識が希薄になるリスクの存在が明示されている。

　また、米国でのドッグパーク調査との比較対照のために行われた、日本の動物病院への通院者を対象とする調査では、重篤な疾患を抱えるペットの飼い主が対象であったために、唾液採集とPCR分析は行われないままにグループ間比較が行われている。このことから、分析疫学の有力な方法として用いられている唾液採取法には汎用性の面で課題があることがうかがえる(ペットと同伴で外出する機会がほとんどないネコとその飼い主にも、この方法は街頭調査の形ではほぼ使えないだろう)。このように、地域調査の実施にあたって疫学の方法を導入するには工夫・検討の余地があると思われるが、同書ではこの点についての事後的な検証・考察が充分になされておらず、評者にとってはいささか消化不良の感が残った。

　そして、本書の考察の骨子ともいえる「ペットフレンドリーなコミュニティ」のモデル提示(4章)については、十分な数の事例の検証を経ていないのと、サンプリング上のバイアスの影響(米国調査の学歴・収入等の高さが際立っている等)が見て取れることもあるため、著者にはさらなる追加調査の実施によってモデルの修正や補強を進めていくことをぜひお願いしたい。また、著者が傍証として紹介している日本のペット飼育対応住宅に関する不動産業者への聞き取り調査(4章-2)と日米のドッグパークの使用ルールに関する比較(5章)についての論考は、評者の興味関心を強くかき立てるものであった。地域社会側のペット飼育への寛容度や、飼育ルールの制定・周知等の社会環境要因の把握・解明は、まさに地域調査の従事者が得意とする領域である。本書での調査研究の実践や論考が、より多くの地域研究従事者の「ペット問題」への知的好奇心を喚起する呼び水となることを願ってやまない。

第10回(2016年度)地域社会学会賞の選考結果報告

1. 授賞著作物

1) 地域社会学会賞
○個人著作部門
　　該当作なし
○共同研究部門
広田康生・藤原法子『トランスナショナル・コミュニティ──場所形成とアイデンティティの都市社会学』ハーベスト社、2016年

2) 地域社会学会奨励賞
○個人著作部門
丸山真央著『「平成の大合併」の政治社会学 ── 国家のリスケーリングと地域社会』御茶の水書房、2016年
○共同研究部門
　　該当作なし
○論文部門
　　該当作なし

2. 講評

○地域社会学会賞（共同研究部門）
広田康生・藤原法子『トランスナショナル・コミュニティ──場所形成とアイデンティティの都市社会学』ハーベスト社、2016年

　本書は、「トランスナショナル・コミュニティ」という移動や移民によって固定したコミュニティ（地域社会）から出てきた人々のトランスナショナルな場所形成やアイデンティティを主題としている。初期シカゴ学派も、移民の側の視点やホーボーの視点を重視していたのであるから、奥田道大の都市社会学を継承する広田、藤原両氏のこの研究は、見事にシカゴ学派を継承する今日的な都市社会学の実証研究であると言える。

　本書に登場する時空間も、大正期の山口県周防大島・沖家室からハワイ・ホノルル、アアラ街に移民した日系人から、1990年代から2000年代ころの群馬県大泉町へ「帰還移民」した日系ブラジル人、新宿・新大久保コリアンタウン在日韓国人、コリアン移民、そしてニューヨーク・イーストビレッジの日系人会など多岐にわたっていてエスノグラフィー自体がトランスナショナルな様相を示している。

　この作品は、グローバリゼーションやトランスナショナリズムに関する諸理論に基づき、地点と時代を「横滑り」しながら自在に展開していく。ここに本書の大きな特徴がある。ポイントは「場所形成」という本書の鍵概念をどう評価するかであろう。

特定の地域社会をフィールドとする日本のエスニック研究は、丹念な（総合）調査に基づいて、外国人住民の増加をきっかけとした社会変動の厚みを描き出したが、しばしば結果的に、外国人「受け入れ」という視点から（日本人中心の）「内向き」の議論を展開するという限界から自由ではなかった。本書の仕事は、一方でむしろ伝統的な地域調査の方法に立脚しながら、しかし同時に、この「内向き」批判を乗り越え、移動者自身の主体性をあくまでも出発点とするために、移動者が越境的に構成していく「場所」という概念にこだわろうとする点に、大きなねらいがある。

　今後の課題や若干の不十分さはあるものの、トランスナショナル・コミュニティというユニークな調査対象を追求し、「場所形成」と「アイデンティティ」という地域社会学にとっても重要な発見をもたらした成果は、「地域社会学会賞　共同研究部門」に該当するものとして、ここに推薦するものである。

○地域社会学会若手奨励賞（個人著作部門）
丸山真央著『「平成の大合併」の政治社会学――国家のリスケーリングと地域社会』御茶の水書房、2015年

　本書は、2005年に11市町村を編入合併した浜松市と編入合併された自治体の一つである旧佐久間町を対象にして、「平成の大合併」のプロセスを社会学的に解明したものである。「編入合併する側」と「編入合併される側」の双方の地域を対象とした綿密な実証分析とともに、リスケーリング論とレジーム分析をベースにした全体社会と市町村合併との関連を把握する視点を組み合わせることで、従来の政治学、行政学、財政学などで行われてきた合併研究とは異なる、独自な社会学的市町村合併研究になっている。

　本書では、「編入合併する側」の旧浜松市から見ると、グローバルな展開を進めながら本社所在地として旧浜松市周辺の地域に生産拠点を集積しようとする自動車産業の意向をもとに合併の動きが始まったこと、その上で、当初想定していなかった、より周辺に位置する自治体が国の政策に従属しながら「編入合併される」ことを望んだために12市町村に及ぶ大合併が生じたことが浮き彫りにされている。これらの実証的な分析には、資料、インタビュー、質問紙調査の結果が併用され、詳細な記述がなされた労作となっており、高く評価できる。この点をふまえ、若手奨励賞（個人著作部門）にふさわしいと判断した。

　ただし、リスケーリング論やレジーム分析に関する理論的な検討部分と実証分析が必ずしも十分にかみ合っていないことが惜しまれる。国家政策としての市町村合併自体がリスケーリングの動きであることを前提にして、合併前後の政治過程と地域組織の再編を中心にした実証分析が行われており、リスケーリング論やローカル・レジーム分析がどう位置づけられているか必ずしも明確ではない。今後、これらの点をふまえ、研究活動のさらなる展開を期待したい。

3．受賞の言葉

○地域社会学会賞（共同研究部門）受賞の言葉

広田康生・藤原法子（専修大学）

　うれしさとともに身が引き締まります。広田は1999年に『エスニシティと都市』（有信堂）で、第1回日本都市社会学会賞（磯村英一賞）を受賞し、生まれたての都市エスニシティ論に取り組むことへの勇気をいただきましたが、今回、広田・藤原『トランスナショナル・コミュニティ』（ハーベスト社）で地域社会学会賞（共著部門賞）をいただけたことで、こうした研究営為も、一つの研究領域として存在することを認知していただいたかのうれしさがあります。それは共著者の藤原法子にとっても同じです。今回の受賞をきっかけに「記憶と場所」をテーマとする研究に邁進する決意を持っております。大変ありがとうございます。

　広田も藤原も研究テーマとしては、グローバル化の中で、異質な世界に生きる人々の生き方や、個人の存在の意味、そして、そうした個人の生き方を起点にして研究することの都市社会学的意味や方法論的意味を考察することをテーマとしています。主なフィールドとしては、横浜鶴見潮田、群馬県大泉町、東京新宿のコリアタウン、そして本書では、ハワイやマンハッタン・イーストビレッジなどが印象的な場所でした。こうしたフィールドの中でも特に潮田のフィールドの中から、アイデンティティの多数性・複数性、主体としての個人の位相、異質性認識、個と共同性等々のテーマに直面しました。特にわれわれが、日系人、日本人を対象としたのは、異質の中で生きることの意味を、自分自身の生き方に関わらせて考えたいからです。

　今、日本人を含めて"異質な存在"と言われる人々をめぐるそれぞれの国、社会での「多様性」「寛容性」「排他性」の議論が深刻です。2003年に在外研究でボストンに滞在した時、ニューヨーク大学で開催された「Transcending Borders」というシンポジウムにはS.サッセンやN.グリックシラーらのグローバリゼーション論者、トランスナショナリズム論者が集い、9.11以後のムスリム系住民へのバッシングに関連して過去の日本人への扱い方が現在的なテーマとして論じられていました。そして今また「多様性」や「寛容性」の意味が改めて問われています。多様性や差異の中で生きる個人、コミュニティの意味を我々はもっと知る必要があると思います。特に広田に残された期間はわずかですが、今後は、こうした研究領域の都市社会学的、地域社会学的な系譜や意味や可能性の研究に取り組んで行きたいと思います。ありがとうございました。

○地域社会学会奨励賞（個人著作部門）

丸山真央（滋賀県立大学）

　栄誉ある賞に選出していただきましたことに、西村選考委員長をはじめ諸先生方に厚く御礼を申し上げます。一層精進せよと叱咤激励していただいたものと受け取っています。

　「平成の大合併」が終わってだいぶ経ちました。各地の合併自治体・地域の苦境を見るにつけ、「大合併」政策がもたらしたものの検証が必要だと思わざるをえません。正直にいえば、本書の出版を機に合併の研究にひと段落つけようかと思いかけましたが、もう少し現場

にとどまろうと思い直したところ、この賞をいただきました。「大合併」の評価・検証の研究に、微力ながら取り組みたいと思います。

　もうひとつは、リスケーリングという語を副題に入れたことへの負い目があります。本学会で2度にわたってこの語を表題に掲げた年報が刊行されたことがありました。あれから数年が経ちましたが、日本の地域社会学においてスケールの概念や発想が十分に定着したかというと、なかなか評価は難しいところだと思います。それは、この概念や発想の限界というより、実証分析に耐えるだけの方法論がうまく導入されていないことや魅力的な実証研究の成果が十分でないためではないかと考えています。もちろんいくつかの優れた成果が少しずつ出てきていて、国際的な発信も始まっています。しかし私自身はそうした責任を全く果たせていません。今後、及ばずながら尽力したいと思います。

　大きな賞をいただいたことで、気負い過ぎているような気がしないでもありませんが、研究のさらなる励みになったことはまちがいありません。ありがとうございました。

地域社会学会活動の記録（2016年度）

第41回大会プログラム

2016年5月14日（土）〜15日（日）
会場　桜美林大学町田キャンパス

5月14日（土）
◇第5回理事会　　　　11：00〜12：30　………3階1303教室
◇受付　　　　　　　　12：30〜　……………1階ロビー
◇理事選挙投票　　　　12：45〜18：00　………3階1303教室

◇自由報告1　13：00〜15：00
◆自由報告部会1-1　被災地の住民活動／防災
　　司会　吉野英岐（岩手県立大学）　1階1101教室
1．李妍焱(駒澤大学)　ソーシャル・イノベーションの条件：南三陸復興事業を手がかりに
2．大堀 研(東京大学)　災害被災地における住民活動に関する検討──岩手県釜石市を事例として
3．山本薫子(首都大学東京)　大都市における長期・広域避難に関する住民意識──東京都荒川区・日野市でのアンケート結果から
4．室井研二(名古屋大学)　南海トラフ地震の社会学的研究──被害想定の社会的受容

◆自由報告部会1-2　都心住民／都心回帰
　　司会　湯上千春（尚美学園大学）3階1301教室
1．鯵坂学(同志社大学)　「都心回帰」による京都市都心の地域コミュニティの空間的変動──中京区の明倫学区と城巽学区を焦点として
2．田中志敬(福井大学)　都心住民の近所付き合いと住民自治──京都コミュニティ調査を事例として
3．加藤泰子(同志社大学)　都心住民の生活実態と社会意識についての一考察──京都市中京区の明倫学区と城巽学区を事例として
4．中村圭(同志社大学)「都心回帰」時代の都市祭礼の変容と継承──京都・祇園祭 山鉾行事を事例として

◇自由報告2　15:15〜17:15
◆自由報告部会2-1　避難者・被災者の意識と支援の在り方
　　　司会　新原道信（中央大学）　1階1101教室
　1．高木竜輔(いわき明星大学)　原発事故に伴う長期避難下での地域社会に対する避難者の意識——2015年楢葉町調査から
　2．西城戸誠(法政大学)・原田峻(立教大学)　県外避難者支援における復興支援員制度の現状と課題——埼玉県を事例として
　3．辻岳史(名古屋大学大学院)・黒田由彦(名古屋大学)　原発立地地域住民の災害経験と原発への態度——宮城県女川町における質問紙調査の分析
　4．佐藤恵(法政大学)　大震災における障害者の生とその支援

◆自由報告部会2-2　地域資源・交通・観光
　　　司会　築山秀夫（長野県短期大学）　3階1307教室
　1．菊池真純(東京大学)　人々の価値意識による景観の位置づけの変化
　2．野村実(立命館大学大学院)　生活インフラとしての地域交通の役割——三重県玉城町におけるオンデマンドバスの事例から
　3．古平浩(大正大学)　地方鉄道の課題と地方鉄道研究の射程
　4．高橋聡(金城学院大学)　ヤナ観光をささえる地域共同性——豊田市小渡町のローカリティ

◆自由報告部会2-3　ネットワーク・市民活動
　　　司会　荒川康（大正大学）　3階1301教室
　1．野邊政雄(岡山大学)　キャンベラに住む女性のパーソナル・ネットワーク——四半世紀後の変化
　2．德田剛(聖カタリナ大学)　地域課題としての"ペット飼育"問題——高齢のペット飼育者支援と"地域猫活動"を中心に
　3．速水聖子(山口大学)　地域の子育て支援における学童保育の役割と可能性——保護者アンケートの分析より
　4．吉田愛梨(同志社大学大学院)　中高年女性のパーソナル・ネットワークの地域比較——足助・太秦・千里を事例にして

◇総会　　　　17:30〜18:30　……………1階1101教室
◇懇親会　　　18:45〜21:00　……………崇貞館ファカルティクラブ

5月15日（日）
◇受付　　　　　9:15〜　……………1階ロビー
◇理事選挙投票　9:15〜11:00　………3階1303教室

◇自由報告3　9:30～12:00
◆自由報告部会3-1　選択と集中／都市・地域の変容
　　司会　松薗祐子（淑徳大学）　1階1101教室
　1．矢部拓也(徳島大学)　「地方消滅」言説下における脱「選択と集中」型まちづくり形成過程に関する比較研究
　2．高木俊之(東海大学)　都市からの「地方創生」論——神奈川県足柄上郡開成町の土地区画整理事業を中心に
　3．町村敬志(一橋大学)　「東京」政治の組織的基盤——都市構造再編連合の解体と変容
　4．菱山宏輔(鹿児島大学)　地域防犯活動の展開と包摂——都市構造の変化に着目して
　5．齊藤康則(東北学院大学)　非営利組織で働く男性の意味世界——若者は地域形成主体たりうるか？
　6．江頭説子(杏林大学)　地域社会における公害経験の可視化・共有化の現状と課題——千葉川鉄公害訴訟と千葉市蘇我地域を事例として

◆自由報告部会3-2　郊外における共同性・つながり
　　司会　鯵坂学（同志社大学）　3階1307教室
　1．石田光規(早稲田大学)　郊外における共同性・つながりの分断と再生（1）——量的調査から見るつながりの状況
　2．脇田彩(立教大学)　郊外における共同性・つながりの分断と再生（2）——地域間の階層格差と住民の主観的幸福
　3．林浩一郎（名古屋市立大学）　郊外における共同性・つながりの分断と再生（3）——住宅階層問題の変容と都営団地の持続可能性
　4．井上公人(立教大学大学院)　郊外における共同性・つながりの分断と再生（4）——小学校の通学区域再編に着目して
　5．大槻茂実(首都大学東京)　郊外における共同性・つながりの分断と再生（5）——地域祭りに着目した世代間共生

◆自由報告部会3-3　コミュニティ形成・まちづくり
　　司会　有末賢（亜細亜大学）　3階1301教室
　1．志田倫子(静岡英和学院大学)　掛川市生涯学習運動とコミュニティ形成——市民向け学習講座「とはなにか学舎」の分析から
　2．太田美帆(静岡大学)　兵庫県三木市の広報誌にあらわれるまちづくりと市民
　3．丹辺宣彦(名古屋大学)　先進産業都市における開発期ニュータウンの変貌——豊田市東山地区の事例をめぐって
　4．大谷晃(中央大学大学院)　都市郊外公営団地における「コミュニティの自治」の構成——都営「立川団地」への参与観察調査から
　5．渡邊隼(東京大学大学院)　地域社会研究所のコミュニティ構想——『コミュニティ』誌

の分析を通じて
　6．成田凌(首都大学東京大学院)　社会移動概念の再分類とhold仮説を用いた分析枠組みの検討

◇新理事会（第1回理事会）　　　　　　　　12：00～13：00　……3階1303教室
◇第1回学会賞選考委員会（推薦委員合同会議）12：00～13：00　……3階1304教室
◇シンポジウム関係者打ち合わせ　　　　　　12：10～12：50　……3階1307教室
◇臨時総会　　　　　　　　　　　　　　　　13：15～13：30　……1階1101教室

◇シンポジウム　　　13：30～17：00　………1階1101教室
　『国土のグランドデザインと地域社会──「生活圏」の危機と再発見』
　　　司会　浅野慎一（神戸大学）・佐藤彰彦（高崎経済大学）
　1．丸山真央(滋賀県立大学)
　「都心回帰」とその社会的矛盾──都心部のマンション住民の生活と意識に注目して
　2．熊本博之(明星大学)
　国防役割を与えられた沖縄における「生活圏の破壊」と抵抗の可能性
　3．清水亮(東京大学)
　国土のグランドデザインと市民社会の再構築
　　　討論者　岩永真治(明治学院大学)・藤井和佐(岡山大学)

◇その他
◆会員控室・抜刷交換コーナー……………………3階1308教室
◆書籍販売コーナー　　　　　　……………………2階1202教室
◆大会本部　　　　　　　　　　……………………3階1304教室

2016年度研究例会

第 1 回研究例会
2016 年 7 月 16 日（土）14 時～ 17 時　首都大学東京 秋葉原サテライトキャンパス
  1　「生活圏としての地域社会」の危機・再発見から抗いへ──大会シンポジウムの成果と課題　　佐藤 彰彦(高崎経済大学)
  2　外国人住民の「非集住地域」研究の可能性── 現況と課題　　徳田　剛(聖カタリナ大学)

第 2 回研究例会
2016 年 10 月 1 日（土）14 時～ 17 時　明治学院大学白金キャンパス
  1　地域主体のまちづくりに向けて──日本計画行政学会コモンズ研究会におけるコモンズの議論と世田谷区における取り組み　　東海林 伸篤(東京都世田谷区役所職員　日本計画行政学会コモンズ研究専門部会事務局)
  2　都心近郊共有地における自然資源利用の形成のダイナミズム──「里山の社会学」に向けたスケッチとしての地域環境史　　岡田　航(東京大学大学院)

第 3 回研究例会
2016 年 12 月 3 日（土）14 時～ 17 時　同志社大学今出川キャンパス
  1　「反知性主義」としてのまちづくり── 地方創生、リノベーション、公民連携　　矢部 拓也(徳島大学)
  2　都心回帰と大阪市の地域コミュニティ　　柴田 和子(龍谷大学)・八木 寛之(神戸山手大学)

第 4 回研究例会
2017 年 2 月 4 日（土）14 時～ 17 時　東京大学本郷キャンパス
  1　地域社会の共同性の再構築をめぐって　　吉野 英岐(岩手県立大学)
  2　「テーマ型」コミュニティの成立──世田谷区プレーパーク活動の事例より　　小山 弘美(東洋大学)

投稿規定

1. 投稿資格を持つのは地域社会学会会員のみである。執筆者が複数の場合、原則として全員が会員でなければならない。ただし編集委員会からの依頼論文については、以上の規定は適用されない。
2. 原稿は地域社会学およびその関連領域に関するものとし、原則として未発表のものとする。
3. 自由投稿論文は匿名のレフリーによる審査を受ける。
4. 自由投稿論文が一度掲載された会員は、その次の号には自由投稿論文を投稿できないものとする。
5. 編集委員会からの依頼論文、自由投稿論文、ビューポイント、名著再発見、書評、自著紹介等、年報への投稿原稿の文字数や様式は、別途「執筆要領」で定める。投稿者は「執筆要領」および関連ガイドラインに従って執筆しなければならない。
6. 投稿者は原稿を電子ファイルで作成し、必要な部数のハードコピーを提出する。提出方法や部数については別途「執筆要領」に定めるとおりとする。
7. 編集委員会からの依頼論文、自由投稿論文、ビューポイント、名著再発見、書評、自著紹介等、年報に投稿された著作物等の著作権については、別途「地域社会学会　著作権規定」に定めるとおりとする。

(2009年5月)

(最終改訂：2016年5月、総会にて承認)

執筆要領

1. 投稿者は定められた期日までに投稿原稿をハードコピーで1部提出する。その後、編集委員会の指示にしたがって速やかに原稿の電子ファイルを提出しなければならない。電子ファイルはワードもしくはテキストファイルで作成したものとする。
2. 自由投稿論文及び特集論文(依頼原稿)は本文の前に、論文題目・欧文タイトル・著者名・著者名のローマ字表記・所属を明記すること。
3. 自由投稿論文及び特集論文(依頼原稿)はタイトル・執筆者氏名・本文・図表・注・引用文献を含めて、年報掲載時に14ページ以内(1ページは41字×38行で1,558字)とする。冒頭にタイトル・執筆者氏名等に必要なデッドスペースを10行分とるため、本文・図表・注・引用文献の分量は41字×522行に抑える必要がある。なお、英文要旨は掲載決定後に300語程度で作成する(英文要旨は、上記文字数にカウントしない)。
4. 書評・自著紹介(依頼原稿)はタイトル、執筆者氏名、本文を含めて、年報掲載時に2ページ以内とする。冒頭にタイトル・執筆者氏名等に必要なデッドスペースを6行分とるため、本文の分量は41字×70行以内とする。
5. ビューポイントと名著再発見はタイトル・執筆者氏名・本文を含めて、年報掲載時に4ページ以内とする。冒頭にタイトル・執筆者氏名等に必要なデッドスペースを6行分とるため、本文の分量は41字×138行以内とする。
6. 原稿はA4版の用紙を使って、41字×38行で印字する。年報は1ページ当たり1,558字(41字×38行)である。図表を使用する場合、できるかぎり本文に図表が挿入された形式で印字すること。図表はRGBデータではなくモノクロデータとして作成すること。
7. 原稿の表記については、以下の原則に従うこと。
    (1)日本語表記については全角文字を使用する。句読点、括弧、カギ括弧などの記号類も全角文字を用いる。なお句読点は「、」「。」を使用する。
    (2)英数字は半角とする。
    (3)注は本文中に 1) のように番号を入れた上で、文献リストの前にまとめること。
    (4)見出し・小見出しは「1」「1.1」「1.1.1」のようにナンバリングする。
    (5)欧文文献のタイトルはイタリック体で表記すること。
8. 上に定めた以外の形式は、日本社会学会が定めている『社会学評論スタイルガイド』に準拠する。同学会ホームページに掲載されている最新版を参照すること。著しく形式が整っていない原稿は、査読せず差し戻すことがある。

(2009年5月)
(2016年2月6日最終改訂)

※最新の執筆要領については、随時、地域社会学会ホームページを御覧下さい。

著作権規定

第1条　本規定は，地域社会学会(以下「本学会」という)の学会誌である『地域社会学会年報』(以下『年報』という)ならびに『地域社会学会会報』(以下『会報』という)に投稿される論文等著作物の著作権について定める．

第2条　本規定における著作権とは，著作権法第21条から第28条に規定される著作財産権(複製権，上演権及び演奏権，上映権，公衆送信権，口述権，展示権，頒布権，譲渡権，貸与権，翻訳権・翻案権等，二次的著作物の利用に関する原著作者の権利)ならびに同第18条から第20条に規定される著作者人格権(公表権，氏名表示権，同一性保持権)のことをいう．

第3条　『年報』ならびに『会報』に投稿される論文等著作物の著作財産権については，本学会に最終原稿が投稿された時点から，本学会に帰属する．

第4条　『年報』ならびに『会報』に投稿される論文等著作物の著作者人格権については，著作者に帰属する．ただし，著作者は，本学会および本学会が論文等著作物の利用を許諾した第三者にたいして，これを行使しない．

第5条　第三者から著作権の利用許諾申請があった場合，本学会は，編集委員会において審議し，適当と認めたものについて，申請に応ずることができる．
　　　　2　前項の措置によって，第三者から本学会に対価が支払われた場合，その対価は本学会の活動のために利用する．

第6条　著作者が，自身の論文等著作物を，自身の用途のために利用する場合は，本学会は，これに異議申し立て，もしくは妨げることをしない．ただし，著作者は，本学会に事前に申し出をおこなったうえ，利用する論文等著作物のなかに，当該の『年報』あるいは『会報』が出典である旨を明記する．

第7条　『年報』ならびに『会報』に投稿された論文等著作物が第三者の著作権を侵害する問題が生じた場合，本学会と著作者が対応について協議し，解決を図る．

第8条　本規定は，2014年5月10日から発効する．

(2014年5月)

※最新の著作権規定については、地域社会学会ホームページを御覧下さい。

English Summaries of Articles

The Introduction to the Symposium:
The Grand Design of National Spatial Development and Regional Society:
The Crisis and Rediscovery of Life Spheres

Shin'ichi ASANO, Akihiko SATO

The focus of the 41st Symposium of the Japan Association of Regional and Community Studies (JARCS) was the Grand Design of National Spatial Development and Regional Society.

The realities of regional societies in big cities, rural areas, and remote islands could refer to a "crisis," according to the local people who do not possess the optimism of recognition, which makes it easy to talk about the reconstruction, creation, and potential of new life spheres. Optimism of will is required to rediscover the ongoing processes of life spheres in regional societies and their historical and social significance.

The symposium included various discussions to promote an understanding of regional societies and the lives therein, as well as their relationships to political and power structures, including those resulting from-national and geopolitical changes. The "choices" of local people are not always active ones; in many cases, they are forced by external matters. "Regional societies as life spheres" are spaces that guarantee that people can lead their lives with dignity. To grasp this concept, it is vital to consider the diversity of communities, the flow and storage of time, and the perspective(s) of "invisible habitants."

Re-urbanization and Its Social Contradictions in Japanese Metropolitan Regions:
Reconsidering a State Rescaling Strategy by Focusing on Targeted Urban Core Areas

Masao MARUYAMA

This article aims to illuminate contradictions between a state rescaling strategy as seen in the Grand Design of National Spatial Development toward 2050 and current conditions in targeted areas. Primarily, the article highlights metropolitan areas and the living conditions of urban residents.

Through the strategic document, the Japanese government aspires to concentrate national resources in cities and metropolitan regions. In fact, since the late 1990s, many major Japanese metropolitan regions have expanded in terms of population; this trend is called re-urbanization.

We distributed questionnaire surveys to apartment residents in the central cities of six metropolitan regions—Sapporo, Tokyo, Nagoya, Kyoto, Osaka, and Fukuoka. The data analysis revealed that a sizable number of residents enjoys a high occupational status and income stratum. These people are blessed further with material and cultural richness. Though many singles and couples enjoy abundance in the consumption environment of central cities, most families with young children are hard-pressed for time because of balancing work with family life. Therefore, they have few time to enjoy the rich cultural environment of the central city. On the one hand, many singles and couples have little interaction with their neighbors; on the other hand, many families with children build and maintain good neighborly relations as a catalyst for nurturing children.

From the perspective of the geographical scalar debate, the state rescaling strategy—as seen in the Grand Design—has been developed considering inter-corporation and inter-urban economic competition on the global scale. However, the daily lives of urban residents, especially families with young children, are dependent on a neighborhood scale, not global scale. These scalar contradictions included in the state rescaling strategy might have worsened the living conditions of urban residents.

Okinawa and the Grand Design of National Spatial Development:
Changes in Promotion Programs and Their Effects on Life Spheres

Hiroyuki KUMAMOTO

The general principle of the prior Comprehensive National Development Plan was "well-balanced national development." However, the aim of the Grand Design of National Spatial Development toward 2050 announced in July 2014 was different. It advocated that fiscal resources should be given to local governments contributing to the nation. The subsequent effects on local governments are discussed in this paper through the case study of Okinawa.

Okinawa is a local government that had been contributing to the national defense. Approximately 70% of the U.S. military bases in Japan are located in Okinawa. As compensation for the burden that Okinawa has been bearing, the government of Japan implemented various promotional programs. However, since the relocation of the Futenma Replacement Facility (FRF) to the Henoko district in Nago City became a serious issue for the central Japanese government and Okinawa Prefecture, promotional programs have been tied to acceptance of the FRF. The meaning of such programs changed from compensation for the burden of bearing U.S. bases to financial incentives for contributions. Promotion projects for Okinawa Prefecture and Nago City, which are opposed the relocation to Henoko, have decreased, whereas those for Henoko district, which is accepting relocation are increasing. As a result, opposition by inhabitants of Henoko to facility replacement has decreased, and they are forced to accept FRF, which would lead to the destruction of their life spheres. Hence, regional sociology has an obligation to analyze the process by which local communities lose their right of self-determination.

English Summaries of Articles

The Grand Design of National Spatial Development and Citizen Activities:
Raising Issues from the Scene of Earthquake Recovery

Ryo SHIMIZU

This study has two aims. On one hand, the future trend in national policies and related problems are cleared by Japan's Grand Design of National Spatial Development toward 2050. Another consideration is haw citizen activities are not confused by national policies. We can recognize the development-oriented trend from the last Grand Design. The national government is successful in exercising authority over local governments through the distribution of public investments and the introduction of "choice and concentration." On the other hand, local governments depend on subsidies. Therefore, the system for governing can be described as a complicated relationship between rule and dependency.

Dependence on subsidies is also seen in certain citizen organizations that face obstructions to their independent activities from governments. One way to maintain independence (autonomy) in citizen activities may be for citizens to raise funds.

Articles

Human Relationships in Hilly and Mountainous Areas:
A Personal Network Approach

Mitsunori ISHIDA

The purpose of this paper is to analyze human relationships in hilly and mountainous areas using a personal network approach. Two hypotheses were analyzed: a "shrinking network" hypothesis, that residents' personal network would be reduced in size due to depopulation, and a "reorganizing network" hypothesis, that they would change their personal network structure to adapt to its reduced size.

The results contradicted the "shrinking network" hypothesis. Although isolated, those in hilly and mountainous regions kept their network size constant by geographically widening it to include friends living farther apart. This reorganization into a more diffuse network does not seem to be the "community liberation" discussed by Wellman in reference to urban areas. Rather, it is a reaction to changes in the residents' environment such as decreased convenience.

English Summaries of Articles

Personal Networks and Social Support of Elderly Women in Melbourne

Masao NOBE

Kendig *et al.* conducted a survey on personal networks of the elderly in Sydney in 1981. The purpose of this paper is to confirm whether their findings are still applicable to elderly women in Melbourne or not. For this purpose, I carried out a survey of elderly women aged between 65 and 79 in a local government area, an inner suburb of Melbourne, in 2005-6. The analysis of the data revealed the following four points: Firstly, the personal networks of elderly women consisted mainly of kinship relationships, followed by friendship relationships. They had most of their social relationships within Melbourne, and had maintained 72.6% of friendship relationships within 10 kilometres of their residence. Secondly, though only 16.2% of elderly women lived with their child(ren), there were many elderly women whose child(ren) resided within 5 kilometres of their residence. Because of this, the elderly women who lived with their child(ren) and/or whose child(ren) resided within 5 kilometres of their residence amounted to 65.4%. Thirdly, elderly women who migrated from a non-English speaking country tended to live with their child(ren) and most of their children tended to reside within 5 kilometres of them. Therefore, such elderly women had many kinship relationships within 5 kilometres, and maintained few kinship relationships at a distance. Fourthly, relatives were a powerful source which provided elderly women with various kinds of social support, because their child(ren) tended to reside nearby. On balance, the "community saved" perspective is more consistent with the data in Melbourne than are either the "lost" or the "liberated" perspectives. Elderly women in Melbourne had a stronger tendency to live with their child(ren) than elderly people in Sydney and there was a stronger tendency for adult children to reside near their elderly parents among the former than among the latter.

Community Formation through Shopping Street Union:
The Case of Inage Akari Festival, Yotoboshi

Masakazu ITO

This study explains the process of community formation through a shopping street union. I conducted a case study of the activities of a shopping street union. The data for the study were obtained through fieldwork and interviews conducted at the Sengen shopping street in the Inage Ward, Chiba City.

In particular, my research focused on the Inage Akari Festival, Yotoboshi. I analyzed perspectives at three levels: (1) actions of shopkeepers who are the main members of the Yotoboshi

English Summaries of Articles

executive committee (actor level), (2) the relationship between various community groups and the shopping street union through the Yotoboshi management (group level), and (3) changing evaluations from outside the community through social policy and media (structure level).

The following factors can be drawn with respect to the three points of view: (1) actor level: the time of the changing generation of shopkeepers in Inage shopping street promoting union, two inspection tours inspiring the union to know the role of the community actors, and understanding the Inage Akari Festival, Yotoboshi through collaboration between the university student group and the shopping street union, (2) group level: collaboration between several community groups and the shopping street union for the management of the festival and the achievement of the meaning of the festival as a community through collaboration and formation of multiple layers of members in the festival executive committee (residents in Inage area, groups of activity based in Inage area, and voluntary participation from outside the Inage area); (3) structure level: positive evaluations for community formed by various media and social policies, and reflexive internalization of the evaluation by core members of the festival's executive committee (in particular, shopkeepers in the union).

These factors contribute to regional and community studies by clarifying the process of community formation function through a shopping street union. Furthermore, these conclusions are key in studying the local commercial function that depends on the shopping street unions in Japan.

編集後記

　地域社会学会年報第29集をお届けいたします。特集「国土のグランドデザインと地域社会：「生活圏」の危機と再発見」と題し、2年間の研究委員会の活動を締めくくる形で、解題論文を含め計4本が配置されています。これらはいずれも前年大会シンポジウムに登壇された方によるものです。また自由投稿論文は計7本の投稿があり、そのうち3本が掲載となりました。書評・自著紹介についても計13本の論文を掲載することができました。関係の皆さまのご協力に心から感謝申し上げます。

　地域社会学会では、東日本大震災を受け、会員によるさまざまな現場での地道な研究・実践が積み重ねられ、それらをもとにシンポジウムや自由報告の場で多くの研究発表が行われてきました。震災から6年が過ぎた現在も、膨大な数の人々が故郷を離れることを余儀なくされ、災害は新たな影響の連鎖を引き起こし続けています。その一方で、グローバル化のさらなる進展とそれを牽引した英米における自国中心主義の台頭、東アジア・東南アジアでの国際的緊張激化、人口の都心回帰などが展開し、地域社会にもその波がさまざまな形で押し寄せつつあります。「国土のグランドデザイン」という形で空間へと投影される国家意思は、どのように地域社会を変えつつあるのか。今回の特集は、そうした新しい動きを前にして、地域社会のそれぞれの現場で正面から取り組んだ成果と言えるでしょう。

　今回の編集委員会には、中澤前編集委員長も参加され、同じく前期から継続の松宮副委員長に支えていただく、という態勢で進めさせていただくことができました。経験豊富な編集委員の皆様のご協力も得て、何とか年報発行までたどり着くことができました。何の報酬もないのにお忙しい中お寄せいただく査読者の皆様の真摯なコメントと、それに対して自身の問題意識を大切にしつつ懸命に応えていかれる投稿者の熱意という、知的創造の現場に立ち会えることが、編集作業に関わる私たち委員にとっての最大の喜びであることを今回も感じさせていただきました。執筆者、査読者、編集委員、出版社の皆さまに改めて心から感謝を申し上げます。

　自由投稿論文の掲載本数は、25号（2013年）の7本を直近のピークとして、5本（26号）、4本（27号、28号）と移行し、本号は3本となりました。本数はあくまでも目安にすぎませんが、近年の活発な大会報告を考えれば、より多くの成果が掲載されてもよいものと思います。なお投稿の際、草稿上は執筆要領に規定された文字数・ページ数の範囲内であっても、校正ゲラではページ数をオーバーするケースが生じています。図表を印刷用に改めて作表したとき、草稿時よりも大きくなるのがおもな原因と考えられます。執筆要領の規定はあくまでも掲載時点のページ数です。図表については過去の年報も参照のうえ、過度な圧縮をせず必要なスペースを十分とった草稿を完成いただければ幸いです。

　地域と人と知が切り結ぶ創造の現場の豊かさを内外に幅広く知っていただく意味でも、どうか皆さま奮ってご投稿ください。

（町村敬志）

編集委員会
　　　　　伊藤亜都子　　大倉健宏　　田中里美　　築山秀夫　　徳田剛　　中澤秀雄
◎町村敬志　　松薗(橋本)祐子　　○松宮朝　　丸山真央　　室井研二
　（◎編集委員長・○編集副委員長）

執筆者紹介（執筆順）
浅野慎一　　　　（神戸大学大学院人間発達環境学研究科）
佐藤彰彦　　　　（高崎経済大学地域政策学部）
丸山真央　　　　（滋賀県立大学人間文化学部）
熊本博之　　　　（明星大学人文学部）
清水亮　　　　　（東京大学大学院新領域創成科学研究科）
石田光規　　　　（早稲田大学文学学術院）
野邊政雄　　　　（岡山大学大学院教育学研究科）
伊藤雅一　　　　（日本工業大学工学部共通教育系）
菊池真純　　　　（東京大学教養学部）
林真人　　　　　（金城学院大学国際情報学部）
水垣源太郎　　　（奈良女子大学研究院人文科学系 ）
早川洋行　　　　（名古屋学院大学現代社会学部）
岩崎信彦　　　　（神戸大学名誉教授）
大堀研
髙木竜輔　　　　（いわき明星大学教養学部）
麦倉哲　　　　　（岩手大学教育学部）
二階堂裕子　　　（ノートルダム清心女子大学文学部）
伊藤泰郎　　　　（広島国際学院大学情報文化学部）
山本唯人　　　　（青山学院女子短期大学現代教養学科）
徳田剛　　　　　（大谷大学文学部）

地域社会学会年報第 29 集
国土のグランドデザインと地域社会：
「生活圏」の危機と再発見

定価は表紙に表示

2017 年 5 月 13 日　第 1 刷発行

© 編　者　地域社会学会
発行所　ハーベスト社
〒 188-0013　東京都西東京市向台町 2-11-5
電話　042-467-6441／Fax　042-467-8661
振替　00170-6-68127

印刷・製本：㈱平河工業社
落丁・乱丁本はお取りかえします。Printed in Japan

ISBN 978-4-86339-088-1 C3036